AF592246

OPÉRATIONS COLONIALES

TACTIQUE DES PETITS DÉTACHEMENTS

MAROC ET AFRIQUE OCCIDENTALE

OPÉRATIONS COLONIALES

Tactique des Petits Détachements

MAROC ET AFRIQUE OCCIDENTALE

PAR LE

Capitaine G. PROKOS

de l'Infanterie coloniale

Avec préface de M. le général PERREAUX

COMMANDANT LA 4e BRIGADE D'INFANTERIE COLONIALE
EX-COMMANDANT SUPÉRIEUR DES TROUPES EN AFRIQUE OCCIDENTALE

PARIS

HENRI CHARLES-LAVAUZELLE

Éditeur militaire

10, Rue Danton, Boulevard Saint-Germain, 118

MÊME MAISON A LIMOGES

PRÉFACE

Qu'il s'agisse d'une campagne en Europe ou d'une expédition coloniale, toute action de guerre repose sur des principes invariables : la recherche du renseignement, la conception, la préparation et enfin l'exécution de la manœuvre.

En offrant aux jeunes officiers l'étude qu'il vient de faire de la « Tactique des petits détachements », le capitaine Prokos a voulu leur montrer comment ces principes peuvent être adaptés aux opérations coloniales et il en a fait une application très judicieuse à celles de ces opérations qui ont pour théâtre l'Afrique du Nord.

Après avoir exposé les règles essentielles de l'organisation des colonnes et la tactique des détachements d'une certaine importance, l'auteur s'attache à examiner le mode d'action des petits détachements dont le commandement est ordinairement confié à un capitaine. Par la variété des problèmes tactiques dont il envisage la solution, par la netteté des renseignements qu'il en tire, son livre nous apparaît comme le véritable guide du commandant de détachement mixte en pays désertique ou peu habité.

Il intéressera certainement tous les officiers et, si le capitaine Prokos a cru devoir s'adresser plus particulièrement aux jeunes, il est permis d'affirmer qu'il sera lu avec profit par les capitaines et par les officiers supérieurs appelés à servir dans certaines régions de l'Afrique.

Mais ce qui caractérise surtout le livre du capitaine Prokos, ce qui en fait une publication très originale, c'est qu'elle est l'œuvre vécue d'un soldat dans l'âme, ayant conquis la plupart de ses grades par quelque action d'éclat, depuis l'épaulette de sous-lieutenant, jusqu'à la rosette d'officier de la légion d'honneur, familiarisé, par conséquent, avec les pratiques de la petite guerre et qui s'est révélé comme un incomparable officier de troupe au cours des nombreuses campagnes coloniales auxquelles il a pris part depuis vingt ans.

Ce seul titre suffira, aux yeux de tous les officiers de notre armée, pour assurer le succès d'un livre qui vient à son heure et que je suis très heureux de leur présenter, suivant le désir de son auteur.

Général Perreaux,
Ex-commandant supérieur des troupes
en Afrique occidentale.

AVANT-PROPOS

Au point de vue militaire, les régions qui avoisinent le Niger, depuis Mopti jusqu'à Dannzou, peuvent être classées en trois catégories :

1° Les terrains bordant le Niger et soumis à ses inondations périodiques.

Ils forment une zone variant de 10 à 50 kilomètres de largeur, en y comprenant les terrains qui bordent les lacs que le fleuve alimente au moment de ses plus hautes crues.

A la saison des basses eaux, ces terrains sont facilement praticables à l'infanterie, à la cavalerie et à l'artillerie de montagne chargée sur mulets ou sur chameaux.

On y trouve en abondance un fourrage, le *bourgou*, excellent pour les chevaux et les bœufs. Les bois de mimosas fournissent la nourriture aux chameaux.

L'eau qui s'y trouve, dans des mares alimentées par les crues du Niger, est de bonne qualité.

D'immenses troupeaux de bœufs, de chèvres, de moutons, stationnent dans ces régions ; certains centres, tels que Bamba, Gao, Ras-el-Ma, Tombouctou, Assongo, etc., renferment de nombreux troupeaux de chameaux. Le gibier de toute nature et les poissons y abondent.

Les terrains qui avoisinent la série des lacs bordant les deux rives du Niger, auquel ils servent de déversoir pour son trop-plein, et qui s'étendent depuis le lac Débo, situé au nord de Mopti, jusqu'au lac Faguibine, près de

Ras-el-Ma, présentent les mêmes caractères. Il en est de même de ceux qui bordent la série des mares d'eau potable allant d'Hombori vers Bamba et de Yatokala vers Dannzou pour s'égrener ensuite, au nord, jusqu'auprès d'Assongo.

2° Les terrains compris entre les limites des inondations du Niger et les régions désertiques.

Leur zone varie de 10 à 80 kilomètres ; ils sont presque aussi praticables à l'infanterie, à la cavalerie et à l'artillerie de montagne que les terrains soumis aux inondations. Toutefois, étant donnée leur nature sablonneuse, il est impossible d'y faire rouler les pièces d'artillerie, même accidentellement, sans risquer de condamner le matériel, surtout les moyeux des roues, à une usure prématurée.

Le fourrage y est rarement en quantité suffisante pour les bœufs et les chevaux.

Les chameaux peuvent seuls s'y nourrir, grâce aux rares bois de mimosas et au fourrage, appelé *cram-cram* qui fournit une graine à enveloppe épineuse avec laquelle les Touareg fabriquent une sorte de *couss-couss* au lait qu'ils apprécient beaucoup.

L'eau s'y trouve, soit aux puits, soit aux mares, en quantité très variable suivant les saisons : elle est généralement insuffisante pour des effectifs dépassant une centaine d'hommes et plusieurs centaines d'animaux, à moins de stationner pendant plus d'une demi-journée. Ces points d'eau sont, le plus souvent, séparés par une journée de marche.

De rares troupeaux de bœufs et de chameaux traversent ces régions ; le gibier y est rare.

3° Les terrains désertiques, formés de sables stériles, dans lesquels il serait imprudent de s'engager sans une réserve d'eau suffisante ; le manque d'eau est le seul obstacle et les troupes des trois armes ne peuvent y être utilisées qu'à la condition d'être montées à chameau.

Dans ces déserts, les puits sont généralement séparés par plusieurs journées de marche et il arrive souvent, lorsqu'on les atteint, qu'ils sont à sec ou insuffisamment pourvus. Leur profondeur dépasse parfois 40 mètres et leur utilisation nécessite un matériel spécial dont les colonnes doivent être pourvues ; et, même avec ce matériel, le débit est si faible qu'une colonne importante a souvent besoin d'une journée entière pour s'abreuver et se constituer une réserve d'eau indispensable. Il faut, en effet, à un homme peu entraîné à supporter la soif, y compris la préparation de ses aliments, environ 10 litres d'eau par jour. Quant au chameau, s'il peut, lorsque c'est nécessaire, rester de trois à cinq jours sans boire, il lui faut, lorsqu'il s'abreuve, au moins 50 litres d'eau.

Dans ces régions désertiques, on ne rencontre aucun troupeau, sauf le cas d'émigration d'une tribu, et il n'y a presque pas de gibier.

Il résulte de cet exposé que le convoi d'une colonne qui doit combattre, dans ces diverses régions, des adversaires tels que les Touareg, les Maures ou les Marocains, constitue un élément primordial ; de sa bonne organisation dépendra la force, la résistance et quelquefois l'existence même de toute la troupe.

Les indigènes africains ne combattent généralement qu'à cheval et n'ont d'autres armes que des lances ; mais les temps ne sont peut-être pas très éloignés où nous trouverons devant nous ces excellents cavaliers appuyés par des fantassins armés de fusils à tir rapide. Les récents incidents de Casablanca sont, à ce sujet, un avertissement.

Aussi paraît-il utile de rechercher les méthodes de marche, de stationnement et de combat les plus favorables pour lutter contre de tels adversaires.

Le but que l'auteur de cet ouvrage s'est proposé est de mettre entre les mains des jeunes officiers appelés à faire colonne au Maroc, en Afrique occidentale et particulièrement dans la vallée du Niger et les régions sahariennes, un guide leur permettant d'éviter de grosses erreurs ou de subir des échecs déshonorants.

Les enseignements tirés des opérations faites en Algérie ou dans les régions nigériennes, les campagnes anglaises au Soudan, au Zoulouland et en Afghanistan ont servi de base à cette étude et ont permis d'établir des principes et des règles auxquels l'auteur a eu l'occasion, en maintes circonstances, en Algérie, au Soudan et en Extrême-Orient, de donner la sanction de l'expérience.

PREMIÈRE PARTIE

ORGANISATION DES COLONNES

CHAPITRE PREMIER

La Mission.

L'officier chargé du commandement d'une colonne appelée à marcher contre un groupement de Touareg reçoit de l'autorité qui ordonne le mouvement des directives. Elles sont, en général, ainsi conçues :

« La tribu touareg des... n'ayant pas acquitté les impôts (ou ayant commis tel acte répréhensible), le capitaine X... se mettra en marche, demain, à... heure, avec un détachement composé de..., pour atteindre la tribu insoumise et l'amener à composition, soit par une démonstration qui lui en imposera, soit en lui infligeant, si c'est nécessaire, un échec qui lui servira de leçon.

» Le capitaine X... n'engagera les hostilités que si tous les autres moyens d'atteindre le but poursuivi ont échoué. »

Afin de pouvoir établir cette étude sur des données positives, nous admettrons :

1° Que le détachement se compose d'une compagnie de 150 hommes, d'une section d'artillerie à 2 pièces et d'un détachement de 40 cavaliers (spahis ou fantassins montés à cheval, à mulet ou à chameau) ;

2° Que les approvisionnements comprennent des vivres pour huit jours, de l'eau pour trois jours, des munitions pour trois engagements ;

3° Que les moyens de transport sont laissés au choix du chef de détachement ;

4° Que deux guides sont mis à la disposition du chef qui n'a que des cartes établies d'une façon approximative et à très grande échelle ;

5° L'ennemi peut mettre en ligne de 200 à 1.000 cavaliers (on sera rarement mieux renseigné sur ses forces) et peut être appuyé, surtout près de ses campements, par 50 à 200 fantassins armés de lances et disposant d'un petit nombre d'armes à feu, dont quelques-unes à tir rapide.

Au reçu de cette directive, le chef doit se préparer. Il n'a que des données vagues et les premières questions qu'il se pose sont :

Quelle est la situation ? Quel est le but à atteindre ? Quels sont les moyens à employer ?

1° Quelle est la situation ?

a) L'emplacement des campements ennemis et surtout le lieu où stationne le groupement armé ne peuvent être connus qu'approximativement ;

b) Etant donné ce que l'on connaît des mœurs de l'adversaire, il est de toute nécessité d'employer tous les moyens pour maintenir la cohésion entre tous les éléments de la colonne, depuis le départ jusqu'à la solution de l'opération dont elle est chargée ;

c) En raison des forces et de la manière de combattre de l'ennemi, il faudra se tenir toujours prêt à recevoir son attaque soudaine et à lui riposter.

2° Quel est le but à atteindre ?

L'autorité qui a donné l'ordre de départ a fixé le but à atteindre : obtenir la soumission de la tribu par les moyens pacifiques et, si c'est nécessaire, par un acte de guerre.

3° Quels sont les moyens à employer ?

a) Assurer l'existence et la liberté des mouvements de la colonne : organiser les convois ;

b) Eviter la surprise ;

c) Etre prêt à parer et à riposter, quelle que soit la direction de l'attaque ;

d) Rechercher l'ennemi et lui en imposer par l'ordre, la cohésion et l'activité de la colonne, qu'il constatera lui-même ;

e) Dans le cas où la puissance morale et matérielle de la troupe ne suffirait pas à en imposer à l'ennemi — et ce sera le cas le plus fréquent — rechercher le combat, dans les conditions les plus favorables pour l'utilisation de l'armement et des qualités manœuvrières de la troupe. Si le combat est obtenu, le pousser jusqu'à ses dernières limites, le poursuivre avec activité et sans relâche et en négligeant toute considération des sacrifices en hommes qu'il pourrait exiger. Tant que l'ennemi ne demande pas pardon, il faut lui livrer combat sur combat, sans répit ; tout temps qui lui serait laissé pour souffler équivaut à l'annihilation de la dépression morale que l'engagement antérieur a pu produire sur lui.

CHAPITRE II

Les Convois.

MOYENS DE TRANSPORT

Trois modes de portage peuvent être employés : les chameaux, les bœufs porteurs et les hommes porteurs.

1° Le chameau est le moyen de transport qui semble

préférable contre les Touareg, si la colonne s'éloigne du Niger à plus de deux journées de marche. Il porte en moyenne une charge de 60 kilogrammes, plus une partie des vivres et de l'eau de son conducteur. Il peut rester sans boire pendant trois jours et même davantage si c'est nécessaire. Sa vitesse de marche, pour une colonne devant durer huit jours, peut être poussée jusqu'à 4 km. 500 à l'heure.

Par contre, il dépérit vite s'il ne peut manger pendant les heures de fraîcheur relative du matin ou du soir. S'il est blessé, il guérit difficilement. Il est souvent capricieux et peu docile.

Il convient peu pour accompagner une troupe qui veut tenter une surprise ou exécuter une marche dérobée, soit de jour, soit de nuit, car, à la moindre contrariété, il pousse des cris qui peuvent être entendus à près de 1.000 mètres.

Enfin, au moment d'une charge de cavaliers touareg, il prend peur et devient très difficile à maintenir en place, surtout s'il est conduit par des mains inexpérimentées. On compte qu'il faut un conducteur professionnel pour cinq chameaux.

2° Les bœufs porteurs, bien dressés, sont aussi dociles que les chameaux et peuvent porter, sur des bâts improvisés, un poids de 50 à 60 kilogrammes réparti dans deux sacs indigènes en cuir. Ils sont plus silencieux que les chameaux et marchent aussi, et même, au besoin, plus rapidement qu'eux. Ils mangent l'herbe qui pousse sur les rives du Niger, le mil ou le fourrage que consomment les chevaux. Bien surveillés, ils se blessent moins facilement que les chameaux ; en tout cas, ils peuvent être remplacés, au cours de l'opération, par les prises que la colonne pourra faire.

Ils ont le grand inconvénient d'avoir besoin de boire

tous les jours ; lorsqu'ils sont effrayés, ils sont aussi difficiles à maintenir en place que les chameaux.

3° L'homme porteur offre le plus d'avantages pour la marche et pour le combat.

Malheureusement, dans la charge maxima de 30 kilogrammes qu'il peut porter, il faut comprendre sa propre nourriture ; en outre, il boit autant qu'un tirailleur, 5 litres d'eau, au minimum, chaque jour.

D'autre part, si la colonne a des blessés ou des morts qu'elle est obligée d'emporter avec elle, les porteurs sont peu aptes à ce transport, et, pour chaque blessé, il faut compter au moins quatre porteurs par journée de marche.

4° On pourra également être dans l'obligation d'employer ces trois moyens de transport combinés. Dans ce cas, il ressort de ce qui a été dit de leurs aptitudes qu'il sera bon de confier :

Aux chameaux, les munitions de réserve d'artillerie, étant donné leur emploi restreint, la farine, le sel, le biscuit et l'eau ;

Aux bœufs, les autres vivres, les bagages des officiers et de la troupe mis dans des sacs indigènes en cuir, à l'exclusion de toute cantine ou récipient en bois ou en métal ;

Aux porteurs, les munitions de réserve de l'infanterie, emballées dans des caisses de 25 kilogrammes, et les médicaments.

DÉSIGNATION DU CHEF DU CONVOI

Beaucoup d'officiers considèrent le commandement d'un convoi comme une mission peu glorieuse et surtout peu brillante. Cela est peut-être vrai dans les guerres européennes, ou lorsqu'on est chargé de ravitailler des frères d'armes qui se battent ; mais le commandement d'un convoi, dans une opération coloniale, est une mission tout aussi périlleuse et plus délicate que le commandement d'un peloton d'infanterie !

Le général du Barail raconte, dans ses *Souvenirs*, que lorsque le général Lamoricière, pendant la conquête de l'Algérie, voulut former un convoi d'ânes pour porter les petits moulins arabes destinés à moudre le blé de sa colonne volante, il confia cette mission au capitaine Trochu, le plus brillant et le plus séduisant des officiers sous ses ordres, — à Trochu, futur général, gouverneur de Paris et futur président du gouvernement de la Défense nationale !

Dans un pays désertique et sans villages, c'est du convoi que dépend, pour une colonne, sinon le salut, tout au moins la possibilité d'atteindre le but poursuivi. Pendant les longues marches dans ces régions, l'officier de peloton n'a presque rien à faire ; il est à cheval et peut tranquillement fumer sa pipe jusqu'à l'étape, et là, après s'être assuré de l'état de son peloton, il a le loisir d'aller se reposer à son aise.

Tout autre est la situation de l'officier qui commande le convoi !

Pendant les marches, souvent longues et pénibles, il doit veiller à la régularité de son convoi, faire rejoindre les bêtes fatiguées, blessées ou qui se sont malencontreusement débarrassées de leur fardeau ; il doit surveiller la répartition des charges, et, enfin, veiller à ce que l'escorte remplisse sa mission principale qui est de maintenir les conducteurs près de leurs animaux, les diverses sections groupées, et de faire rejoindre les retardataires sans obliger la colonne elle-même à s'arrêter pour les attendre.

Dès l'arrivée et avant de songer à son repos personnel, il doit résoudre le difficile problème du pâturage des chameaux, passer la revue des animaux, faire décharger les bagages et recevoir les réclamations de ceux qui ne retrouvent pas les leurs ; il doit écouter les doléances des conducteurs, assurer leur bien-être ; enfin, préparer pour le lendemain une nouvelle répartition, en utilisant les bêtes devenues libres par suite de la consommation des vivres ou des munitions qu'elles portaient.

Il s'ensuit que le commandant du convoi doit être choisi parmi les meilleurs officiers, surtout parmi les plus énergiques et les plus actifs, sachant, autant que possible, se faire comprendre des chameliers indigènes.

A un chef choisi, il faut donner des subordonnés de choix ; aussi les gradés et les hommes d'escorte mis sous ses ordres devront-ils être désignés sans tenir compte du rang de taille et du tour de service.

ORGANISATION DU CONVOI

Les dispositions relatives à l'organisation du convoi peuvent être l'objet d'un ordre, rédigé, à titre d'exemple, sous la forme suivante :

« Le lieutenant X... prendra le commandement du convoi. Il aura sous ses ordres un détachement de 20 hommes vigoureux et bons sujets, fournis en nombre égal par les quatre sections de la compagnie. Dans ce nombre ne seront pas compris les ordonnances d'officiers, les cuisiniers, infirmiers et brancardiers (1). Le sergent A... et les caporaux B... et C... (qui connaissent la langue des indigènes) seront mis à la disposition du lieutenant commandant.

(1) Les ordonnances, cuisiniers et autres employés similaires, ne doivent pas être compris dans l'escorte. La mission des hommes de cette escorte, de même que celle de son chef, ne prend fin que bien après l'arrivée à l'étape, et ces employés, en raison de leur emploi spécial, sont occupés dès l'arrivée.

» Cet officier règlera seul, et au mieux du service, tous les détails concernant la conduite du convoi et de son escorte.

» Le convoi se composera de *n* chameaux.

» X... chameaux, des mieux dressés, seront porteurs de l'eau et des munitions. Ils formeront la première section. Ils auront au cou, comme signe distinctif, un ruban en étoffe rouge ; leurs conducteurs auront au bras gauche, un brassard également rouge.

» Y... chameaux porteront le biscuit, les médicaments, la farine, le sel, le sucre et le café ; ils auront, ainsi que leurs conducteurs, un signe distinctif de couleur blanche. Ils formeront la deuxième section.

» Z... chameaux porteront les autres vivres, les bagages des officiers et ceux de la troupe ; ils auront, ainsi que leurs conducteurs, un signe distinctif de couleur noire. Ils formeront la troisième section.

» La charge de chaque animal, bien équilibrée, ne dépassera pas 60 kilogrammes, auxquels il y aura lieu d'ajouter les vivres et effets strictement nécessaires aux conducteurs. Ce supplément, réparti sur les cinq chameaux confiés à un conducteur, ne devra pas dépasser 10 kilogrammes.

» Il est formellement interdit de mettre une surcharge quelconque sur les animaux.

» Aucune caisse ou cantine, sauf celles contenant des munitions et des ustensiles de popote, ne sera tolérée. Tous les vivres, effets, objets de campement (y compris les lits pliants) doivent être enfermés dans des sacs à distribution ou, de préférence, dans des sacs indigènes en cuir, afin de faciliter le chargement, d'éviter les blessures et le bruit que produisent des objets en fer ou en bois qui s'entrechoquent. Les propriétaires de tous objets ou vivres non autorisés qui seraient trouvés dans le chargement sont prévenus que ces objets seront jetés et abandonnés et qu'ils seront rendus responsables de ces infractions aux ordres donnés. »

L'officier commandant le convoi doit vérifier personnellement :

1° Si tous les animaux sont en bon état et si les conducteurs sont réellement des professionnels ;

2° Si tous les bâts, les entraves et les guides en corde ou en cuir sont en bon état. Il fera emporter, par chaque groupe de cinq chameaux, des entraves neuves de rechange et 6 mètres de corde neuve ;

3° Si sur les animaux chargés il n'y a aucun objet supplémentaire ;

4° Si les tonnelets et peaux de bouc ne fuient pas.

Les officiers ou leurs ordonnances et les sous-officiers chefs de section reconnaîtront, lorsque tous les animaux seront chargés, quels sont ceux qui portent leurs vivres, leurs bagages personnels et ceux de leur section. A moins d'une autorisation du commandant du convoi, les animaux conserveront toujours le même chargement.

Au moment du départ et pendant toute la durée de la colonne, les animaux affectés au transport des bagages des officiers, des sous-officiers et de la troupe, seront chargés près de l'emplacement où se trouvent leurs propriétaires. Ces derniers devront veiller au chargement, afin d'éviter les erreurs et les blessures. Les animaux seront ensuite conduits par leurs chameliers à l'endroit désigné pour la formation du convoi.

Pendant la marche, les sections éviteront de se mêler ; en station, elles seront toujours parquées et groupées entre elles. Les conducteurs, après avoir entravé leurs animaux, se coucheront auprès d'eux.

Nous ajouterons encore un conseil. Il faut, autant que les nécessités de l'opération entreprise le permettent, donner satisfaction à tous les desiderata exprimés par les chameliers de profession, en ce qui concerne le chargement, la nourriture et l'allure de marche de leurs animaux.

CHAPITRE III

Les renseignements.

Dès que la colonne est en route, les dangers commencent à se présenter. Le plus imminent est, sans contredit, la surprise. C'est l'écueil que les chefs de détachement les plus prudents et les plus expérimentés réussissent rarement à doubler sans dommages sensibles. Avec les guerriers irréguliers, braves, astucieux et résolus, c'est le danger constant.

Pour parer à la surprise, pour recevoir l'attaque dans les conditions les plus favorables, le seul moyen est d'être averti assez à temps pour pouvoir prendre les dispositions qui permettront de l'éviter. Comme dans toute action de guerre, il faut s'assurer le temps et l'espace nécessaires pour la manœuvre, et, pour cela, il faut être renseigné.

Il est de toute évidence que si, pendant la marche de sa colonne, le chef pouvait apprendre, d'une façon sûre, par des agents politiques ou par les indigènes, quel est le point où stationne la majeure partie du groupement ennemi, s'il avait la certitude que l'ennemi ne se trouve en aucun endroit d'où il puisse atteindre la colonne avant son arrivée à l'étape, le problème serait résolu dans ce qu'il a de plus troublant. Mais un chef prudent et soucieux de sa responsabilité, peut-il considérer l'affirmation d'un agent indigène plus ou moins consciencieux, ou celle d'un villageois à l'intelligence bornée, comme une garantie excluant toute inquiétude au sujet d'une surprise ?

Nous croyons pouvoir répondre, d'une façon presque absolue, par la négative.

Si les troupes régulières sont surprises par les irréguliers plus souvent qu'elles ne réussissent à les surprendre, c'est que, généralement, le pays parcouru est complice de ces derniers, qui, par suite, sont mieux renseignés sur les faits et gestes de la troupe régulière que ne l'est celle-ci sur eux-mêmes.

Il ne faut donc attribuer aux renseignements ainsi obtenus qu'une valeur relative ; et cependant, malgré les aléas qu'ils présentent, ils résument à eux seuls le moyen d'éviter, sinon l'espionnage ou les taquineries sans gravité de l'ennemi, du moins une attaque sérieuse par surprise, faite par son groupe principal.

1° Comment se procurer des renseignements ?

a) Le général du Barail, dans ses *Souvenirs*, raconte que, lorsque Lamoricière entreprenait une razzia contre un douar, il commençait par appeler un de ses émissaires. Il remplissait, en sa présence, sa chéchia avec des douros espagnols et lui disait : « Vois-tu cet argent ? Prends tout ce que tu peux avec tes mains. » Et l'Arabe plongeait fiévreusement les mains dans cette richesse inespérée pour un pauvre hère tel que lui, et prenait tout ce que ses poings crispés pouvaient retenir.

« Maintenant, continuait Lamoricière, tu vas te renseigner sur l'emplacement du douar..., sur ce qui s'y passe, et, si tu reviens bien renseigné, si tu m'y conduis ensuite fidèlement, tu auras comme récompense tout ce qui reste dans ma chéchia et que tes mains ne peuvent contenir. »

Et l'Arabe se renseignait, puis revenait pour conduire Lamoricière, le plus souvent vers le succès, vers la gloire.

Voilà le plus sûr moyen d'avoir de bons renseignements ; il n'est pas, malheureusement, à la portée des chefs de petites colonnes, qui n'ont pas tous, à leur disposition, des chéchias pleines de pièces de cent sous ! Mais ils peuvent se servir d'autres leviers.

Les noirs des contrées nigériennes ne sont coreligionnaires ni des fanatiques touareg, ni des Maures de la région. Dans le fond de leur âme, ils leur sont souvent hostiles. N'ayant à vaincre que des scrupules religieux superficiels et aucun scrupule de race ou de nationalité, ils sont faciles à acheter comme espions. Leur emploi est le plus souvent économique pour se procurer des renseignements sur la force, l'armement, les emplacements et, quelquefois même, sur les intentions de l'ennemi. C'est en employant comme espions des Chinois et Japonais que, dans la guerre de Mandchourie, les Japonais ont obtenu les renseignements les meilleurs, les plus sûrs et les plus détaillés ; leur cavalerie et leurs reconnaissances ne leur en avaient fourni, en comparaison, que d'infimes.

b) Un autre moyen pratique pour avoir des renseignements exacts consiste à se saisir d'une famille appartenant, de préférence, à une race autre que celle de l'ennemi ; c'est ce qui se faisait au Mexique, c'est ce qu'a fait le général Thiébaut en Espagne. Le chef de cette famille, qui doit, bien entendu, avoir les aptitudes et l'intelligence nécessaires, reçoit l'ordre d'aller se renseigner sur tel ou tel point concernant l'ennemi. Il est prévenu que, s'il fournit des renseignements erronés, sa famille et lui-même seront emprisonnés dans des locaux séparés.

Ce moyen est moins humain et moins sûr que le précédent, parce qu'on n'attrape pas les mouches avec du vinaigre et parce que l'intimidation ou la peur sont des sentiments moins tenaces que la cupidité.

c) Il peut, enfin, être quelquefois avantageux d'envoyer quelques notables des villages amis ou des indigènes ayant à se plaindre des Touareg, se mêler aux habitants d'autres villages soupçonnés de faire cause commune avec les insoumis. En s'y prenant adroitement, ils peuvent recueillir des renseignements souvent précieux et toujours utiles sur les intentions et sur les mouvements de ces ennemis, car les cavaliers nomades sont obligés de s'approvisionner dans certains villages qui leur fournissent les vivres, grains et autres objets qu'eux-mêmes ne veulent ou ne peuvent produire.

Les agents politiques employés par les commandants des cercles et des régions militaires peuvent également être utilisés de cette façon ; mais ils ont l'inconvénient d'être trop connus comme étant nos émissaires et de ne pouvoir, par conséquent, se renseigner que par l'intermédiaire d'autres indigènes, leurs amis, le plus souvent, également connus et suspects.

2° Comment empêcher l'adversaire de se renseigner ?

S'il est indispensable d'être renseigné pour éviter les surprises, il ne l'est pas moins d'empêcher l'adversaire de se renseigner sur nous. Pour cela, nous emploierons des moyens que nous appellerons, d'un terme médical, *prophylactiques*, indépendants des moyens tactiques proprement dits.

Au risque de paraître trivial, les ruses d'enfants qui jouent au *colin-maillard* nous fourniront un moyen qui peut être employé fréquemment par une colonne en marche pour augmenter sa sécurité ou pour se saisir d'un ennemi qui évite, de parti pris et pour cause, le combat. Que fait un enfant rusé qui, jouant au colin-maillard, veut éviter d'être pris tout en fatiguant inutilement son camarade aux yeux bandés ? Il s'assure, à l'avance, du terrain qu'il aura à parcourir pour atteindre le refuge qu'il a choisi, puis il pousse un cri et s'enfuit. Le colin-maillard se dirige vers le point d'où est parti le cri et donne dans le vide.

Dans la pratique, rien ne ressemble autant à un colin-maillard que la guerre faite à des irréguliers, dans un pays mal connu, où l'on ne dispose que de cartes à grande échelle, et où l'on ne peut se procurer ni renseignements exacts ni guides sûrs. Il en est de même, d'ailleurs, dans les guerres européennes, lorsqu'on manque de cavalerie et d'espions ou qu'on est mal servi par ces deux moyens de renseignement. Les exemples de coups portés dans le vide abondent dans la guerre de 1870, tant du côté français que du côté allemand. Ils sont encore plus fréquents aux colonies, surtout de la part des troupes régulières. Les irréguliers se trouvent, en effet, et tout naturellement, dans des conditions très favorables pour lancer leurs adversaires sur de fausses pistes, grâce à la complicité des indigènes dont ils paraissent être les défenseurs, dans une cause commune, contre les réguliers.

Mais est-ce à dire qu'un pareil moyen est interdit au commandant d'une colonne de conquête ou de répression ? Nullement ! Quelques exemples nous montreront qu'il peut être employé avec fruit pour dépister l'ennemi et assurer, par cela même, la sécurité de la marche.

Le chef devra, tout d'abord, garder le secret absolu sur la mission à remplir et le but à atteindre. Il doit ne rien communiquer à sa troupe de l'ordre qu'il a reçu et donner simplement, sans insister et sous une forme familière, à quelques gradés ou soldats, le soi-disant but de la mise en marche de la colonne. Il évitera d'indiquer, dans un ordre officiel, une mission fausse. Un ordre régulier, qui permet de faire partager à la troupe les sentiments qui animent son chef, qui indiquent le but à atteindre et les sacrifices à s'imposer, ne doit pas devenir suspect dans l'esprit de la troupe. Si le chef veut faire parvenir à l'ennemi un faux renseignement, il le donnera sous forme de conversation.

Si, par exemple, la direction à suivre comporte l'embranchement d'un chemin menant dans une direction opposée, le chef donnera, au moment du départ, à haute voix, comme itinéraire à suivre, celui qui conduit vers cette direction opposée, se réservant de modifier l'itinéraire lorsque la colonne arrivera à l'embranchement.

1° La colonne doit aller de A à D.

Le chef dira : « Prenez le chemin A B qui nous mènera au village ou au campement C. »

Puis, arrivé en B, il fait prendre à la colonne la direction D.

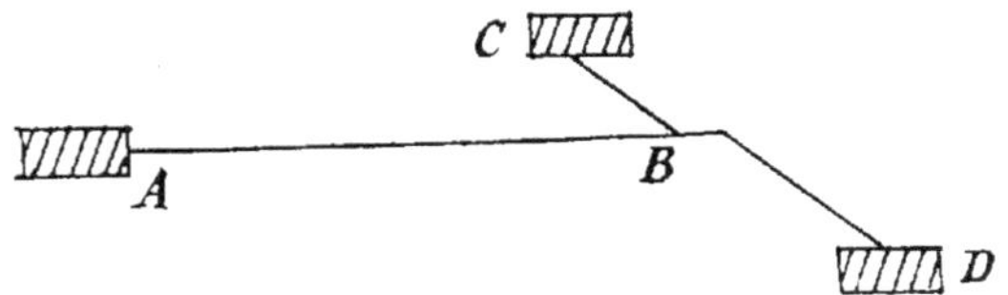

Cette ruse réussira mieux de nuit que de jour, surtout si la distance A B est telle que les habitants de A ne puissent constater le changement de direction opéré en B et si aucun espion ne suit la colonne.

2° La colonne doit aller de A à C.

Le chef la fait partir, dans la journée, en répandant le bruit qu'elle se rend au village D. Arrivé en B, il continue la marche B E en faisant en sorte d'arriver au point E à la tombée de la nuit. Quand la colonne est en E, le chef donne l'ordre de camper et annonce qu'on ira au village D le lendemain, puis il prend ses mesures pour s'assurer, par des patrouilles, ou tout autre moyen de précaution, qu'il n'est pas espionné. Dès que la nuit est suffisamment noire, il fait plier bagages et marche

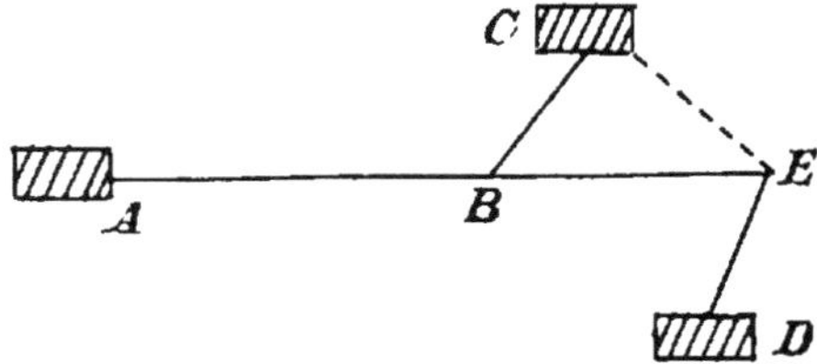

sur C en prenant, si possible, une traverse conduisant de E à C. Dans le cas contraire, il fait refaire à la colonne le chemin E B pour prendre ensuite la direction C.

3° La colonne doit aller de A à D où est signalé l'ennemi.

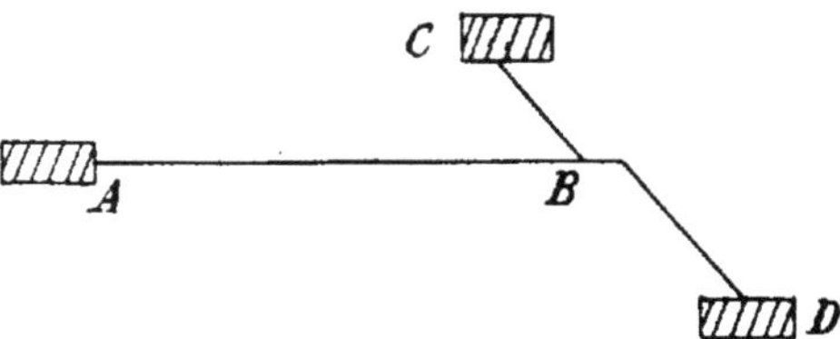

Le chef envoie un émissaire aux notables du village pour porter l'ordre de préparer les vivres et l'eau nécessaires à une colonne qui arrivera tel jour et à telle heure.

Afin de confirmer les notables dans l'idée que la colonne viendra sûrement, l'émissaire leur demandera des renseignements sur l'ennemi, qu'il paraîtra craindre à proximité du village. Il grossira ou diminuera l'effectif de la colonne, suivant qu'il sera nécessaire d'intimider ou d'enhardir cet ennemi. L'émissaire doit arriver au village C assez à temps pour que l'ordre qu'il transmet puisse être rapporté par des espions au campement D avant que la colonne, ayant atteint la bifurcation B, ait pris la véritable direction D. On peut alors espérer surprendre le campement et ses défenseurs.

Si l'ennemi, conscient de sa faiblesse, ou déprimé par des défaites antérieures, fuit un combat que nous avons intérêt à provoquer, il faut répandre des bruits qui seront de nature à le rassurer. Des émissaires habiles proclament l'incapacité du chef de la colonne, son intempérance, sa paresse ; ils lui attribuent des défaites subies précédemment et le représentent comme un poltron, que ses hommes ne suivent qu'à contre-cœur. Ils indiquent des effectifs très inférieurs à la réalité et annoncent que l'évacuation de nombreux éclopés et malades va encore les réduire. Ils exaltent en public la vaillance et le courage des irréguliers, en expliquant adroitement que si, en certaines circonstances, ils ont été battus, c'est uniquement parce qu'ils n'avaient pas bien suivi les instructions de leurs chefs remarquables, rusés, circonspects et habiles. Ils ne cessent de répéter que si de pareils chefs se soumettaient sans combat, ce serait un grand succès pour le chef des réguliers, qui ne cherche, malgré les apparences, qu'à éviter une rencontre. Ils insistent sur la mobilité et la rapidité de la marche des irréguliers qui les rendent insaisissables, sur les négligences dont les réguliers sont coutumiers et rapportent des prétendues occasions où ces derniers, mal gardés, auraient été une proie facile à saisir.

Ces exemples suffisent à indiquer comment on peut réussir à dérouter l'ennemi. Si l'état moral et matériel de la colonne le permet, il sera avantageux d'éviter les routes ou pistes habituellement suivies.

Il est, dans tous les cas, un principe qui ne souffre aucune exception et qui doit dominer toute décision d'un chef opérant contre les Touareg : jamais, sous aucun prétexte, l'ordre et la cohésion des divers éléments de la colonne ne doivent être sacrifiés au désir de conserver le secret ou d'augmenter la vitesse de la marche. De nuit, la marche est effectuée en resserrant les divers éléments de la colonne, ce qui facilite leur surveillance, et en évitant tout cri, commandement, conversations ou autres indices pouvant trahir la présence de la troupe.

CHAPITRE IV

Les Guides.

Tous ceux qui ont conduit des troupes, même en Europe, où les cartes de l'état-major sont très précises et constamment mises à jour, connaissent l'embarras dans lequel on se trouve, lorsqu'on prend des chemins de traverse ou d'exploitation, pour trouver le sentier à suivre ou pour le retrouver lorsqu'il est accidentellement effacé sur une certaine longueur. Toutefois, en Europe, les villages abondent, et, même en pays ennemi, il est possible d'obtenir des habitants, de gré ou de force, les indications nécessaires ; mais tel n'est pas le cas dans les pays désertiques !

Il est, alors, de toute nécessité d'avoir — et nous insistons sur ce point — non pas *un*, mais au moins *deux* guides. Deux guides valent mieux qu'un, surtout dans un pays hostile, inconnu, dont la topographie n'est pas faite et dont les routes restent encore à tracer. On peut, avec deux guides, éviter les erreurs, avoir les moyens de contrôler les renseignements de l'un par les déclarations de l'autre, exciter leur émulation réciproque et les maintenir dans le devoir. Si l'un devient de mauvaise foi, l'autre pourra rester encore fidèle. Il arrive fréquemment que des guides, décidés à servir fidèlement et paraissant pleins de dévouement, deviennent hésitants, soit par crainte des représailles dont l'ennemi les a fait menacer par des émissaires secrets, soit parce que l'imminence d'un combat fait défaillir leur courage mal assuré ? Combien de militaires professionnels, pleins d'assurance au départ pour une expédition, deviennent inquiets et timides au moment d'en venir aux mains avec l'ennemi ! Comment s'étonner qu'un pareil sentiment naisse dans l'âme d'un guide, paysan pauvre ou simple berger, que la cupidité a seule déterminé, le plus souvent, à accepter ces périlleuses fonctions ?

La plupart des chiens de chasse, très bons avec leurs maîtres, deviennent négligents ou distraits avec un chasseur maladroit ; ils se rendent compte de l'inutilité de leurs efforts avec un pareil tireur et ils subissent l'influence de son manque d'assurance et de son découragement. Pareil fait peut se produire avec un guide sûr de lui, brave guerrier et avide de gagner la récompense promise en cas de succès, lorsqu'il se trouve placé sous les ordres d'un chef peu actif, irrésolu et qui, au moment d'atteindre par un coup d'audace le but poursuivi, est paralysé par la crainte des responsabilités ou des sacrifices à consentir et se dérobe par un faux-fuyant. Un pareil chef aura toujours de mauvais guides, et la troupe, lorsqu'elle l'aura jugé, pourra faire comme le bon chien avec un mauvais chasseur, comme le bon guide avec un mauvais chef.

Les deux guides choisis ne doivent être, autant que possible, ni parents ni amis ; l'un d'eux au moins doit comprendre le français et parler la langue de l'adversaire, ainsi que celle des villages que la colonne doit traverser. Tous deux seront traités avec une égale bienveillance et, en apparence du moins, avec une égale estime.

Il ne faut jamais craindre, avant de se mettre en marche, de leur demander trop de renseignements et de poser la même question deux ou trois fois sous des formes différentes, car, souvent, l'interprète lui-même n'a pas bien compris et, au lieu de demander des explications, a mal interrogé. En outre, ce procédé peut amener le guide à être en contradiction avec lui-même, dans le cas où, soit volontairement, soit involontairement, il aurait donné un renseignement inexact.

Un guide n'est pas un tacticien ; une route ne l'intéresse que pour le métier qu'il exerce (berger, convoyeur, etc.). Aussi est-il bon de lui indiquer, sauf nécessité du secret à garder, la raison pour laquelle une question lui est posée. Si, pour atteindre un point, il y a deux routes, il faut les lui faire décrire toutes deux dans tous leurs détails : solidité, tracé en montagne et en plaine, largeur, viabilité pour les divers éléments de la colonne, lieux habités qu'elles traversent, vues étendues où abords couverts. Ce sont ces renseignements qui fixeront le chef sur la route à choisir.

Pour chaque renseignement, le guide doit indiquer s'il a vu de ses propres yeux, accidentellement ou à plusieurs reprises, ce dont il parle ; s'il l'a fait personnellement ou s'il a entendu dire que d'autres l'avaient fait. Dans ce dernier cas, il doit citer les noms et qualités de ces personnes, afin de savoir, d'après ces désignations, la créance qu'il faut leur accorder.

Prenons des exemples :

1° S'il s'agit d'un puits, le chef demandera :

— Y a-t-il de l'eau en toute saison ? et en même quantité ? Quels sont les mois où l'eau est la plus abondante ?

— Cent cinquante hommes, vingt mulets et cent chameaux peuvent-ils y boire actuellement ? Pourront-ils y boire pendant tout ce mois-ci, car je serai peut-être appelé à y revenir souvent ?

— Combien faut-il de temps pour abreuver cet effectif, en tirant l'eau avec des seaux en toile ? Je ne puis y consacrer plus de quatre heures.

— Quelle est la profondeur du puits ? Je n'ai que trois cordes de 15 mètres chacune.

— L'eau se salit-elle au fur et à mesure qu'on la puise ? Je ferai alors boire les hommes les premiers.

— Le pays qui environne le puits est-il couvert ? Y trouve-t-on du bois ? Est-il fréquenté journellement par des caravanes ou des bergers, etc. ?

2° S'agit-il d'un itinéraire ?

D. — Je vais à tel campement ; j'ai tel effectif en hommes, chameaux et bœufs porteurs. Connais-tu assez la route pour m'y conduire lorsqu'on ne voit pas clair à 20 mètres ?

R. — Oui.

D. — As-tu parcouru cette route pendant la nuit ?

R. — Non.

D. — Comment peux-tu alors être sûr de ne pas te tromper la nuit ?

R. — Parce que je l'ai suivie plusieurs fois pendant le jour en allant faire boire mes bêtes.

D. — Y a-t-il des hauteurs près de cette route ?

R. — Oui, une au commencement et une vers le milieu.

D. — Puis-je camper sur la hauteur qui est au milieu, avec tel effectif ?

R. — Oui.

D. — Es-tu monté toi-même sur cette hauteur ?

R. — Non.

D. — Comment peux-tu alors me dire que je puis y camper ?

R. — Parce qu'elle paraît très étendue et que j'y ai vu souvent coucher des troupeaux de quatre cents moutons.

D. — Sais-tu qu'il me faut au moins un carré de 100 mètres de côté ?

R. — Alors, je ferai mieux d'aller voir.

D. — Je voudrais que tu y ailles la nuit pour qu'on ne puisse pas te voir.

R. — Moi, je préférerais y aller de jour, parce que, la nuit, je ne pourrai la trouver que difficilement ; elle est à plus de 400 mètres de la route, et, pendant la nuit, les mimosas m'empêcheraient de la distinguer.

D. — Tu m'as dit qu'elle se trouvait à mi-chemin d'ici au campement.

R. — Oui, à peu près. Mais, la nuit, je ne pourrais la trouver sans chercher.

D. — En partant d'ici à telle heure, à quel moment me trouverai-je près de la hauteur ?

R. — Je ne puis te le dire exactement.

D. — Pourrai-je y monter facilement de nuit ?

R. — Je l'ignore. Je ne l'ai vue que de loin.

D. — Combien mettrais-je de temps pour aller au campement en marchant comme toi lorsque tu es avec tes moutons ?

R. — Tant d'heures.

D. — Tes moutons paissaient-ils en marchant ou les menais-tu sans les arrêter pour leur permettre de brouter ?

R. — Ils marchaient en broutant.

D. — Alors, je marcherai deux fois plus vite. En partant à telle heure, y arriverai-je avant qu'il fasse jour ?

R. — Je ne puis te l'assurer, car, la nuit, je ne verrai pas bien la trace de la route qui va tout droit ; en plusieurs endroits elle se divise en deux et trois pistes et on peut se tromper. Mais tu arriveras quand même au campement.

Nous arrêtons cet interrogatoire qui, quelque long et

fastidieux qu'il puisse paraître, n'est cependant pas trop minutieux pour celui qui veut obliger un guide à dire tout ce qu'il connaît et surtout ce qu'il ne connaît pas. Il n'y a pas de meilleure méthode à indiquer, pour procéder à ces interrogatoires, que de rechercher tous les événements qui pourraient se présenter étant donnés la situation, le but à atteindre et, enfin, les mœurs et la tactique de l'ennemi. La précision dans les questions entraîne la précision dans les réponses et la valeur d'un guide dépend souvent de la valeur de celui qui l'interroge et le commande. Il faut le traiter avec une douce fermeté, veiller à son bien-être et à son repos; ne jamais lui demander un effort si l'on n'est pas décidé à en profiter, coûte que coûte ; ne pas lui marchander les éloges et surtout les récompenses matérielles, après chaque service rendu. Mais, après s'être ainsi acquitté envers lui, il ne faut l'employer qu'avec toutes les précautions dont on s'entourerait avec un espion et un traître, car il pourrait, d'un moment à l'autre et pour un motif quelconque, trahir la confiance qu'on aurait en lui.

En plus d'un bon guide, une carte à grande échelle, une boussole et une bonne montre sont d'un usage tout indiqué pour éviter les erreurs, établir l'itinéraire et régler la marche de la colonne.

Même à petite échelle, une carte sera très utile, ne serait-ce que pour contrôler les renseignements donnés par les guides et pour trouver les cours d'eau, dunes, villages ou campements qui y figureront. Il est arrivé souvent et nous avons personnellement constaté le fait que, pendant une tornade ou la nuit, des guides se sont entièrement trompés de très bonne foi, et c'est grâce à une carte à petite échelle que le commandant du détachement a pu réparer leur erreur.

Au moyen d'une carte, un officier du détachement peut

établir le canevas d'un itinéraire sommaire, mais suffisamment exact pour que la colonne conserve une trace assez fidèle des distances parcourues, des emplacements des puits, des campements rencontrés et de tous autres renseignements pouvant servir ultérieurement à une autre opération.

IIe PARTIE

TACTIQUE DES GRANDES UNITÉS

CHAPITRE PREMIER

Les formations carrées.

Plusieurs ouvrages spéciaux, publiés en France et en Angleterre — et parmi ces derniers, *Les Petites Guerres*, du major Callwell (1) — ont exposé la tactique générale d'une colonne opérant aux colonies et ayant comme effectif 800 fantassins environ, plus de 100 cavaliers réguliers et plus d'une section d'artillerie ou d'un groupe de mitrailleuses.

Les principes de marche et de combat varient, en général, fort peu avec les effectifs. Ce sont ces principes qui doivent servir de guides et non une copie fidèle de clichés ou de modèles que l'étude des guerres passées a pu imprimer sur le cerveau.

Contre une armée, aussi bien que contre quelques centaines d'irréguliers, les principes de la guerre restent les mêmes ; les détails d'exécution, seuls, subissent des modifications. L'étude de la tactique employée par les

---

(1) Lavauzelle, éditeur, prix : 7 fr. 50.

fortes colonnes nous donnera les principes qui doivent guider les détachements en marche, en station et au combat.

Les Touareg, les Marocains et les peuplades similaires sont de parfaits cavaliers de choc. Ils n'ont employé, jusqu'à ces dernières années, même pour armer leurs fantassins « bellas », que la lance, le long poignard et le sabre. Mais ils sont, maintenant, munis en partie d'armes à tir rapide ; dans quelques années, ils auront peut-être un armement presque organisé.

Les Marocains, en particulier, peuvent mettre en ligne des cavaliers valant, ou peu s'en faut, les Touareg comme cavalerie de choc et ils ont, en outre, des tirailleurs expérimentés, rusés et très braves, combattant à la manière des guerillas espagnoles et mexicaines.

Le cavalier touareg ou soudanais charge toujours à fond, pour arriver le plus rapidement possible au corps à corps, où sa lance de fer est supérieure à la baïonnette ou au sabre des soldats réguliers.

Le cavalier marocain ou algérien est moins redoutable en ce qui concerne le choc. Il fonce sur ses ennemis, le plus souvent pour décharger son fusil à piston à bout portant, et recommence cette attaque autant de fois que le feu du carré le lui permet, dans l'espoir d'arriver ainsi à se préparer par le feu les voies qui lui permettront d'enfoncer le carré par le choc d'une charge finale. C'est la tactique de la cavalerie européenne vers la fin du XVIIe siècle.

Avant que Bugeaud et ses émules aient posé les bases d'une tactique raisonnée contre de tels adversaires, nous avons subi de nombreux échecs en Algérie et à cela, il n'y avait rien de surprenant. A un adversaire rusé, infatigable, brave, sobre, mobile et semblant posséder le don de l'ubiquité, qu'opposions-nous ?

Un service d'exploration qui se trouvait le plus souvent en défaut, étant donnés les moyens dont il disposait et l'ennemi qu'il recherchait ; des colonnes alourdies par leurs convois et leur artillerie, alourdies encore par la charge accablante des effets portés sur les havresacs des fantassins ; une tactique brutale de taureau aveuglé par la colère et fonçant sur un burnous rouge qui s'évanouissait à propos ; des marches lentes, rendues encore moins efficaces par la nécessité de stationner de temps en temps pour se réapprovisionner.

Dans ces contrées où l'on n'avait pas de cartes topographiques à grande échelle, où l'on manquait souvent d'espions, d'émissaires et de guides éprouvés, il était téméraire de chercher à éviter la surprise en se fiant, comme en Europe, à un service d'exploration et de sûreté assuré par des reconnaissances, des patrouilles ou des avant-gardes. Il a donc fallu chercher la sécurité dans des formations permettant de recevoir un choc par surprise, d'y parer et de riposter, et cela, dans tous les sens et à tout instant.

Un service d'exploration s'exécute, en effet, dans de bonnes conditions, ou plutôt est fructueux, si l'ennemi qu'il recherche marche et stationne plus ou moins groupé. Pour que l'exploration puisse découvrir l'armée ennemie, c'est-à-dire puisse préciser le lieu où elle se trouve, de quoi elle se compose, dans quelle direction elle marche et quelle est sa formation, il faut que cette armée existe en tant qu'armée, comme existait par exemple l'armée marocaine avant la bataille d'Isly. Est-ce le cas lorsque l'on a à combattre les tribus touareg ou les tribus pillardes du Sud marocain ?

Il n'y a pas, chez ces tribus, de mobilisation et de concentration stratégique. Les soulèvements sont, le plus souvent, l'œuvre d'un ambitieux, d'un intrigant ou d'un chef de tribu. Lorsque ces agitateurs veulent résister à notre action ou nous attaquer, ils envoient des émissaires, beaux parleurs et quelque peu thaumaturges, qui répandent parmi les indigènes des nouvelles fallacieuses sur notre soi-disant faiblesse ou couardise et qui exaltent les sortilèges employés par le nouveau « Maître de l'heure » pour rendre inoffensifs les canons et les fusils des « infidèles » ou des « blancs », qualificatifs qu'ils emploient suivant le pays où ils prêchent. Ils enflamment enfin les courages en annonçant que toutes les autres tribus prendront part à ce mouvement qui jettera décidément les infidèles à la mer et assurera le pillage de leurs richesses.

Quelque enfantins que paraissent ces arguments, quelque problématiques que soient les prébendes ainsi promises, pour pousser ces gens frustes à la guerre, la prédication des émissaires et leurs opérations thaumaturgiques ne restent pas sans effet ; une crédulité inépuisable est le propre de l'ignorance.

Malgré les nombreux faux prophètes qui ont répété depuis des siècles qu'ils étaient les « Maîtres de l'heure » et nous rejetteraient à la mer, tout nouvel imposteur est favorablement accueilli pourvu qu'il joigne l'adresse à la vigueur, qu'il ait une éloquence insidieuse et quelque habileté de prestidigitateur. Il sera cru s'il déclare qu'il est le « Maître de l'heure », le vrai, celui qui est attendu depuis si longtemps pour venger les fidèles soumis à la puissance des détracteurs de Mahomet, ou bien, chez les populations soudanaises, s'il affirme être celui qui vient les débarrasser des exactions et de la tyrannie des « blancs ».

C'est, d'ailleurs, par ces procédés que le mouvement boxer de 1905, en Chine, fut créé ; son succès a résidé dans la croyance répandue parmi la population que, grâce à des maléfices, les armes meurtrières des « barbares de l'Occident » seraient inoffensives.

Les esprits étant suffisamment excités et les tribus paraissant disposées à prendre les armes, le chef du mouvement cherche, par un succès, si petit soit-il, remporté sur un faible détachement de troupes régulières, à affirmer sa puissance. S'il l'obtient, les doutes et les hésitations sont levés ; les tribus accourent à la curée promise ; toutes se dirigent vers un point de concentration indiqué ou marchent à la rencontre de la troupe régulière qui leur a été désignée comme objectif.

Que peut, dans ce dernier cas, faire un service d'exploration ? L'ennemi afflue de toutes parts, par petits paquets, à pied, à cheval, tantôt à 20 kilomètres, tantôt à une centaine de mètres de la route suivie par la colonne ? Est-il possible d'explorer le terrain en avant, en arrière, à droite et à gauche d'une troupe en marche qui peut être attaquée aussi bien par 600 que par 6.000 cavaliers, suivant les accords plus ou moins durables conclus entre ces tribus composées de gens indociles, ignorants et aussi portés au courage le plus téméraire qu'au découragement le plus inattendu ?

La force d'une avant-garde varie, en Europe, du quart au sixième de l'effectif total. Pour garder une colonne dans toutes les directions, faudrait-il employer les quatre sixièmes de l'effectif dans quatre avant-gardes qui auraient alors pour mission de garder seulement les deux sixièmes restants et les convois ? Il ne peut en être question. Les fatigues excessives et l'éparpillement dangereux qui en résulteraient conduiraient à l'affaiblissement moral et matériel de la colonne qui se trouverait atteinte par son propre fait et sans avoir subi une seule attaque de l'ennemi.

Tant que les effectifs des réguliers ne permettent pas

de compenser par la cohésion, la discipline et la manœuvre leur infériorité individuelle par rapport aux irréguliers, il est imprudent de tenter l'aventure. Napoléon disait, en Egypte : « Un cavalier français sera toujours battu par un mameluk ; dix cavaliers français pourraient résister quelquefois à dix mameluks ; un escadron français peut combattre avec avantage deux cents mameluks ; quelques escadrons français peuvent battre quelques milliers de mameluks. »

Or, il est incontestable, pour tous ceux qui connaissent les cavaliers arabes, touareg et marocains, que ces guerriers sont individuellement très supérieurs, comme cavaliers, comme expérience de la guerre et comme adresse à se servir des armes de choc, aux cavaliers réguliers. Et cela n'a rien d'étonnant. Ils naissent, pour ainsi dire, à cheval ; les Touareg à pied ont l'air embarrassés de leurs bras et de leurs jambes ; à cheval, ils paraissent avoir ces membres entièrement appropriés au maniement de leur monture et de leurs armes blanches. Le cavalier régulier, au contraire, n'a appris, le plus souvent, à monter à cheval que lorsqu'il a été appelé sous les drapeaux.

Comme fantassins, les Marocains ou Soudanais acquièrent, dès leur prime jeunesse, aussi bien par tradition que par le milieu où ils vivent et par une pratique journalière, tout l'esprit d'initiative et d'entreprise qui fait la valeur morale et matérielle d'un tirailleur. Nés dans des pays où n'existent ni police, ni justice, ni armée pour protéger la propriété et les personnes, chacun est obligé de devenir capable de se rendre justice à lui-même, soit par force, soit par ruse, et cela pendant toute sa vie. L'obligation de ne compter que sur lui-même pour défendre ses biens, sa vie et celle de ses parents, lui fait acquérir une sagacité guerrière, une adresse au maniement des armes que le soldat régulier, appelé sous les drapeaux, ne possède pas et possédera encore moins dans l'avenir.

Le soldat européen grandit, en effet, dans un milieu où il attend la justice des gens qui sont chargés de la rendre, où la propriété est défendue par d'autres gens payés dans ce but, et où la liberté individuelle est inaliénable et considérée comme un bien inestimable ; il lui est inutile d'être fort et rusé pour préserver ce que chacun considère comme le plus précieux de ses biens.

Les soldats réguliers se trouvent donc en état d'infériorité *individuelle* aussi bien contre les cavaliers que contre les fantassins irréguliers. Lorsqu'ils ont été tentés de se faire protéger par de petits détachements contre des irréguliers intrépides, il est arrivé le plus souvent que ces détachements d'exploration et de couverture, ou bien se sont fait battre parce qu'ils étaient trop faibles pour compenser leur infériorité individuelle par la masse, la cohésion et la manœuvre, ou bien, quoique remplissant ces dernières conditions, ont été évités par l'ennemi qui, renseigné, s'est jeté directement sur la colonne principale.

Toutes ces considérations ont amené progressivement à rechercher dans une formation appropriée le remède à un danger toujours imminent et pouvant surgir de tous les côtés. Les formations carrées ont paru les plus favorables pour permettre à une troupe régulière comprenant les trois armes de combattre sans modifier sensiblement sa formation de marche.

Nous donnons ci-après quelques exemples de ces formations.

1er *Exemple.* — En terrain découvert. Etendue des vues : 1.000 mètres au moins.

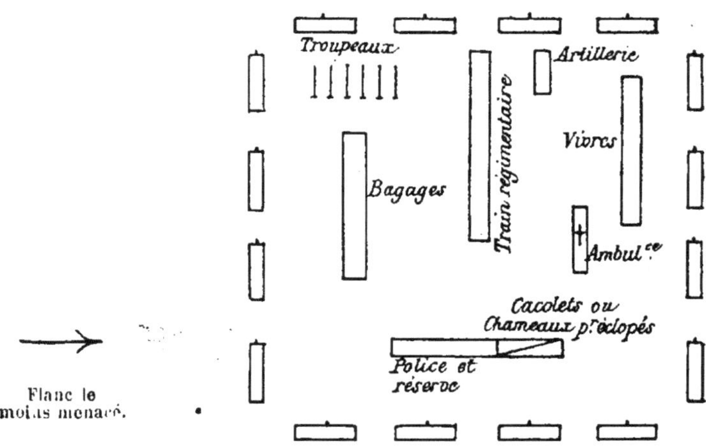

Fig. 1.

Le goum où les cavaliers auxiliaires sont à 4 kilomètres au moins de la colonne, explorant la direction dans laquelle l'ennemi peut être rencontré.

2ᵉ *Exemple.* — Terrain découvert. Etendue des vues : jusqu'à 1.000 mètres au minimum.

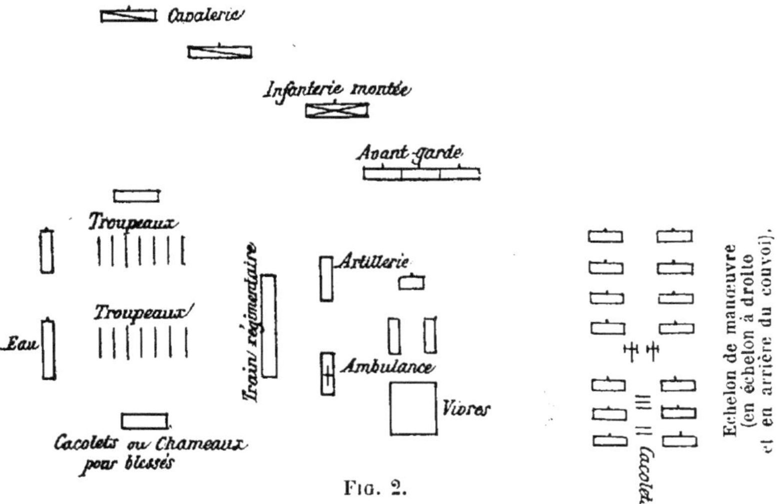

Fig. 2.

3ᵉ *Exemple.* — Formation des troupes à la bataille d'Isly :

1° Pendant la marche :

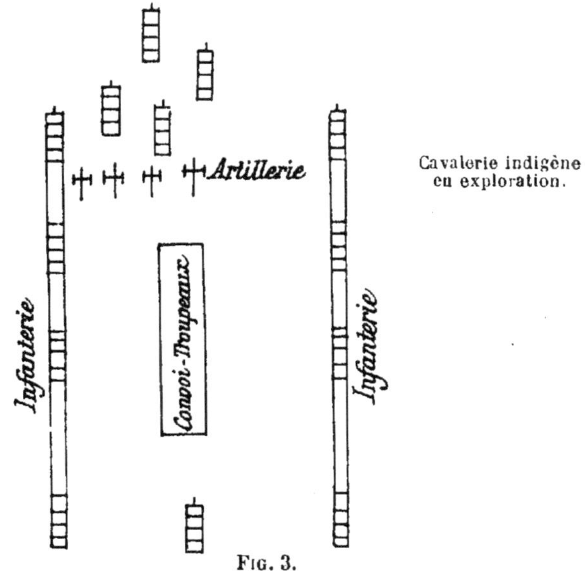

Fig. 3.

2° Pendant le combat :

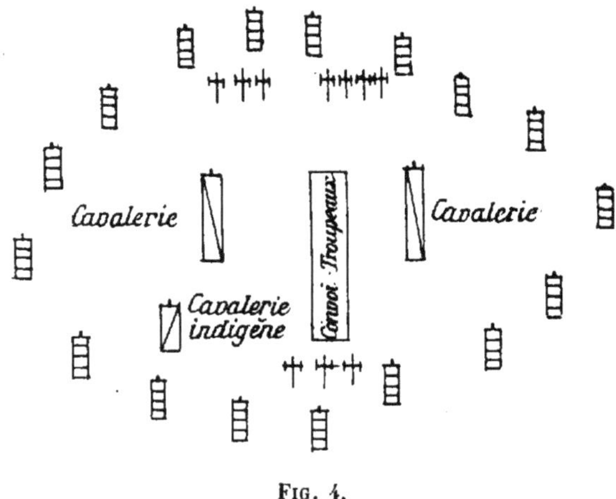

Fig. 4.

4ᵉ *Exemple* :

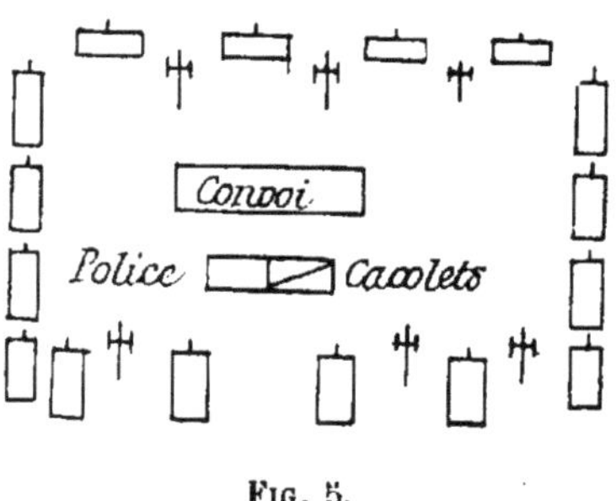

Fig. 5.

En 1859, à la bataille de Tétouan, les Espagnols attaquèrent le camp de Muley-Ahmet en donnant, à chacun de leurs deux corps d'armée, la formation générale que la petite armée française avait adoptée à la bataille d'Isly.

Le 17 janvier 1855, à Abu-Kléa, le général anglais Stewart prit la formation d'un carré presque parfait.

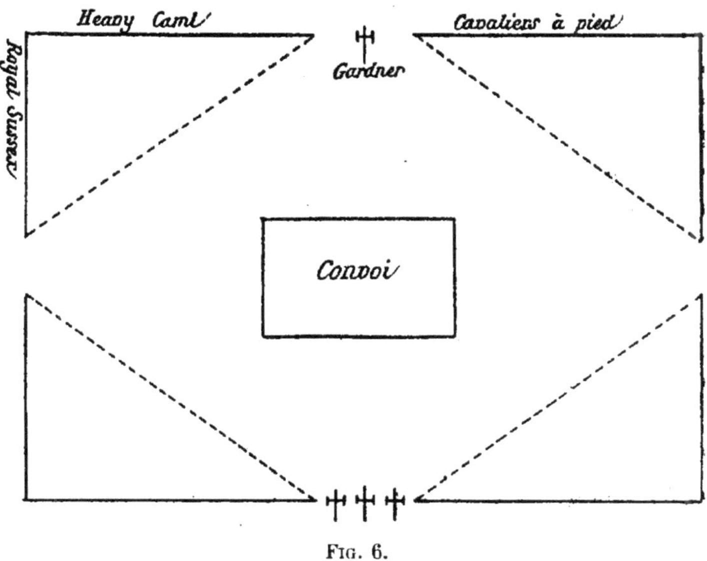

Fig. 6.

Un carré est *rigide* lorsqu'il ne présente aucune solution de continuité. Les compagnies dont il est formé peuvent marcher en ligne de sections, sur un ou plusieurs rangs, ou en colonne à distance entière, pourvu qu'elles soient toujours en mesure, par un déploiement en avant ou en arrière, à droite ou à gauche, de former instantanément un carré complètement fermé sur ses quatre faces.

Un des buts de la formation carrée étant de mettre à l'abri des coups les convois et impedimenta de toute nature, on a donné, par extension, le nom de *carré* à toute formation qui remplit, même imparfaitement, cette condition ; au lieu d'être des *carrés rigides*, ce sont des *carrés souples*.

Il n'y a, évidemment, pas plus de formations idéales à la guerre qu'il n'y a de règles infaillibles. Mieux valent, certainement, les conceptions moyennes raisonnablement conçues et exécutées avec la dernière énergie et la plus grande persévérance, que des conceptions géniales exécutées mollement et modifiées dès que, dans leur exécution, on se heurte à la volonté plus ferme et plus obstinée de l'adversaire. Les formations carrées sont la résultante d'une conception raisonnable et de relativités dont le total, en avantages, est supérieur au total en inconvénients ; elles ont, pour plaider en leur faveur, toutes les campagnes coloniales faites par les Anglais, les Espagnols et les Français.

Si elles n'ont pas, parfois, rendu ce qu'on leur demandait, et si même elles ont subi des désastres, il y a lieu d'examiner si ces échecs sont imputables à la valeur intrinsèque de la formation plutôt qu'au manque d'énergie et de persévérance des exécutants. De médiocres soldats, qu'ils soient formés en carrés ou en tirailleurs plieront toujours devant la fougue d'un adversaire à l'âme guerrière et au courage inébranlable.

CHAPITRE II

Avantages et inconvénients des formations carrées.

AVANTAGES

Quels que soient les adversaires et le terrain, une nécessité s'impose à tout chef : se réserver en toute circonstance le temps et l'espace nécessaires pour donner à sa troupe les formations favorables en vue du combat.

Dans les opérations que nous étudions, et sauf dans les régions montagneuses, les formations carrées, conservées pendant toute la durée de la marche, procurent par elles-
qui est presque la même que la formation de marche.
mêmes l'espace nécessaire pour la formation de combat,

Alors que, dans la formation normale de combat de l'infanterie européenne, un bataillon de 1.000 hommes occupe un front et une profondeur de 400 mètres, il ne lui faudra, dans une formation carrée, que 100 mètres environ comme front et autant comme profondeur.

Pour passer de la formation de marche à la formation de combat sur l'emplacement que vient d'atteindre la tête d'avant-garde, ces 1.000 hommes devront parcourir la profondeur occupée par le gros de la colonne et la distance qui sépare la tête du gros de la tête d'avant-garde, soit environ 1.400 mètres. En formation carrée, le même bataillon, encadrant un fort convoi, occuperait un carré de 100 mètres de côté. Pour être prêt à recevoir et à repousser une attaque, il ne lui faudra que quelques minutes, même si les armes ne sont pas chargées, si le convoi est quelque peu en désordre et le service de sûreté absolument nul — conditions défavorables qui ne peuvent être imputées qu'au commandement et non à la formation —.

En formation de marche, le bataillon est prêt pour un combat sur son front ; il marche vers l'ennemi ; c'est dans la direction de sa marche qu'il l'attend. Si l'attaque se produit sur ses flancs ou sur ses derrières — et ce sont les coups qu'affectionnent les irréguliers — les conditions sont changées.

Le bataillon en formation carrée, ayant des fantassins sur ses quatre faces, peut parer aux coups portés ailleurs que sur son front ; il n'a plus de partie vulnérable, surtout s'il a de l'artillerie ou des mitrailleuses aux angles du carré.

Les formations carrées assurent donc le *temps* et l'*espace ;* elles permettent, en outre, de disposer *dans toutes les directions* de moyens de défense d'une égale valeur combative et ne nécessitant aucune disposition préliminaire.

INCONVÉNIENTS

Les principaux reproches faits aux formations carrées sont les suivants :

1° Ces formations diminuent le front que peut occuper la totalité des fantassins dont la principale force réside dans le feu des armes à tir rapide. Théoriquement, lorsque le carré n'est attaqué que sur une ou deux de ses faces, cet inconvénient paraît sérieux ; mais, dans la pratique, les irréguliers fougueux et indisciplinés, presque toujours supérieurs en nombre, n'attaquent jamais une seule face.

L'impatience de combattre et d'écraser un adversaire détesté qui leur a été dépeint comme voué à l'expiation due à tous les infidèles, anime ces guerriers fanatiques qui escomptent l'inefficacité des balles et des obus de leurs ennemis. Peuvent-ils, dans ces conditions, lorsque la face d'un carré n'est pas assez étendue pour que chacun d'eux assouvisse sa haine en prenant sa part à l'attaque, ne pas assaillir les autres faces ? Evidemment non !

Ils ne se résigneraient à n'attaquer une seule face que si les chefs d'abord. et eux-mêmes ensuite, étaient convaincus qu'ils accomplissent un acte funeste en doublant ainsi le nombre des fusils dirigés contre eux. Il leur faudrait le sentiment de la manœuvre qui permet d'utiliser, contre un front restreint, une grande supériorité numérique, en redoublant méthodiquement les attaques de manière à étourdir d'abord leur adversaire, puis à l'ébranler et à le briser par la multiplicité des coups et la vigueur toujours nouvelle avec laquelle ils lui sont assénés.

En réalité, les Arabes, les Soudanais, les Touareg même se portent à l'attaque dans une formation de croissant enveloppant et ayant rarement plus de deux échelons ; leur front de bataille comprend généralement un nombre de guerriers si supérieur à l'effectif du carré qu'ils pourraient l'envelopper d'un cordon ayant une épaisseur de cinq à dix combattants. Leur attaque se produit le plus souvent sur deux faces ; rarement sur une seule — comme ruse de guerre ou dans une embuscade — et, dans ce cas, la première attaque est bientôt suivie d'une seconde sur une autre face.

Il en résulte que le carré ne répond à ces attaques qu'avec les faces menacées et que l'inconvénient de n'utiliser qu'un petit nombre d'armes à feu prend, pratiquement, des proportions anodines, étant donnés l'instruction supérieure et l'armement des réguliers. D'ailleurs, dans les guerres européennes, un bataillon isolé ne met en jeu, pendant la plus grande partie du combat, que la moitié ou les trois quarts de ses fusils.

2° Lorsque ces formations ne comportent qu'un carré unique, le commandement n'a ni le temps, ni les moyens, ni l'espace suffisants pour réparer le désordre qui peut résulter de l'enfoncement d'une des faces.

Dans un bataillon en formation normale de combat, l'indépendance relative des diverses fractions et surtout la disponibilité d'une réserve permet au chef de réparer un échec partiel. Dans une formation en carré, surtout en un seul carré rigide, n'ayant aucune réserve, il est certain que tout dépendra de l'énergie et de l'ascendant du chef et de la solidité des soldats. Si ces facteurs existent, l'avantage reste aux formations carrées.

3° Ces formations sont denses et seraient très vulnérables avec la mousqueterie et l'artillerie modernes. Quelle belle cible qu'un bataillon formé en carré rigide ! Quel superbe but à faucher pour une batterie de 75 qu'une formation de plusieurs bataillons échelonnés à quelque 100 mètres de distance et d'intervalle ! Mais est-ce bien le cas ici ? L'ennemi africain a-t-il des fusils modèle 86 ?

A-t-il des canons de 75 ? Et quand bien même il en aurait, ne lui manquerait-il pas l'instruction et la discipline du feu ? Les pirates du Tonkin, les Chinois soi-disant réguliers de Langson et ceux de Formose manquaient à tel point d'instruction militaire que, le plus souvent, ils enlevaient les hausses de leurs armes ou les laissaient se souder au canon par la rouille, faute de savoir les utiliser pour atteindre l'ennemi aux grandes distances.

Ce n'est pas la grande quantité de cartouches que l'on peut tirer sur un carré qui est dangereuse, mais bien la faculté de lui envoyer un grand nombre de balles ajustées dans un très petit laps de temps. Cette aptitude manque à l'irrégulier, en raison de son défaut d'instruction et de discipline ; il ne voit dans un fusil à tir rapide que son maniement commode et la rapidité de son feu et non sa justesse.

4° Les formations carrées paraissent offrir une certaine difficulté à une marche accélérée.

Dans les opérations coloniales — sauf des circonstances exceptionnelles analogues à la répression de l'insurrection du Sud algérien en 1882 par le général de Négrier — l'habileté ne consiste pas à atteindre l'ennemi par la vitesse. Des troupes régulières, quoi qu'elles fassent, ne pourront jamais avoir la célérité des cavaliers et fantassins irréguliers, qui veulent mettre entre eux et leurs adversaires une distance telle qu'ils se sentent à l'abri d'un coup soudain et fatal.

Il est donc inutile de chercher à les atteindre et de sacrifier l'ordre qui doit régner dans le carré à l'accélération de la marche. Cet ordre est indispensable pour éviter les à-coups, les retards, les hésitations, surtout pendant la nuit. Un carré en désordre présente de tels inconvénients dans la formation de combat qu'il peut être considéré comme à moitié battu. Si les bêtes du convoi et leurs conducteurs, renfermés à l'intérieur, sont bien dressés et bien organisés, l'aptitude du carré à la marche est peu différente de celle d'une troupe peu entraînée, progressant sur une route en formation de marche.

5° Les formations carrées, surtout en carrés rigides, sont peu aptes à l'offensive. Ce reproche est fondé. Mais reprocher à un carré rigide d'être peu apte à l'assaut revient à reprocher à une redoute de rester immobile ! Les raisons qui ont conduit à l'adoption de ces formations indiquent qu'elles sont, avant tout, défensives, et que, de même qu'une ligne d'artillerie qui ne se déplace qu'à bon escient, elles n'agissent offensivement que par leur feu. Il ne faut donc pas demander aux carrés des aptitudes contraires aux raisons qui les ont, pour ainsi dire, imposés.

L'habileté du chef consiste à amener son ennemi à attaquer les troupes sous ses ordres formées en carré ; il se trouvera ainsi dans les conditions les plus favorables pour l'utilisation de ses moyens offensifs qui sont la puissance de son feu et la cohésion de ses baïonnettes.

6° L'histoire des guerres coloniales nous fournit des exemples de combat où les formations carrées ont éprouvé des échecs. Leur étude nous fixera sur les dangers que l'emploi de ces formations a pu présenter.

Combat d'Abu-Kléa. — Le 17 janvier 1885, au combat d'Abu-Kléa, pendant la conquête du Soudan par les Anglais, la face arrière du carré commandé par le général Stewart fut enfoncée et mise en désordre. Ce carré comprenait 1.700 soldats et trois canons ; le convoi et les méharis se trouvaient dans l'intérieur au moment de l'attaque. Nous donnons ci-après (1) un résumé de ce combat,

(1) Voir fig. 6 la formation de ce carré.

d'après l'ouvrage du colonel Septans, *Les Expéditions anglaises en Afrique* (1) :

La colonne s'avança lentement, couverte par la cavalerie et des éclaireurs, jusqu'à 500 mètres du gros de l'ennemi : une masse de 5.000 Arabes s'ébranla alors, chargea et finalement attaqua l'angle arrière gauche défendu par des méharistes et des marins combattant à pied. Le mécanisme du canon-revolver Gardner, placé sur cette face, s'enraya après le sixième coup tiré, ainsi que celui de quelques fusils des fantassins. Les Arabes arrivèrent sur le carré, mais leur élan fut brisé par le retranchement vivant que formaient les méharis entravés et l'infanterie montée qui combattait à pied. On a constaté que, de 500 jusqu'à 70 mètres environ du carré, le feu de la mousqueterie anglaise, sûrement trop précipité, n'eut que peu d'efficacité. Les soldats tirèrent probablement trop haut, comme cela arrive dans un tir précipité, parce que les hommes ne prennent pas le temps d'épauler correctement ; la crosse restant basse, les balles s'envolent par-dessus les têtes ennemies.

Ce n'est qu'à une distance de 70 mètres du carré — c'est-à-dire à une distance où il faut le faire exprès pour manquer une masse aussi compacte que celle formée par ces Arabes sur près de dix rangs d'épaisseur — que le feu des Anglais amoncela une pile énorme de cadavres, en abattant les premiers rangs de la phalange qui avait donné l'assaut.

L'ennemi pénétra cependant dans le carré et poussa de la face arrière vers la face avant pour la rompre. Mais une partie du second rang de cette face fit demi-tour et, par son feu et ses baïonnettes, contribua à repousser les Arabes hors du carré.

---

(1) *Les Expéditions anglaises en Afrique*, par le colonel Septans ; Lavauzelle, éditeur, prix : 7 fr. 50.

L'échec subi par cette troupe, armée de Martiny-Henri et de canons, en présence d'irréguliers armés de lances, n'est pas imputable à la formation. Alors que le général Stewart savait son ennemi massé à moins de 500 mètres, dans le fond desséché d'une rivière — et cet ennemi ne se cachait pas, puisqu'on distinguait les drapeaux qui jalonnaient son front — il commit la faute non seulement de continuer à marcher, mais encore de chercher à contourner le flanc gauche de cet ennemi, exécutant ainsi un mouvement de nature à disloquer son carré rigide. Le terrain étant découvert, il n'aurait pas dû s'approcher à moins de 1.000 mètres de cet ennemi massé. Si les Arabes avaient attaqué, ils seraient arrivés sur le carré — s'ils y étaient arrivés — essoufflés et désunis. Après leur échec, ils auraient pu être poursuivis pendant leur retraite.

Avant de s'avancer, couvert par des éclaireurs, le général Stewart aurait dû, à 1.000 mètres de l'ennemi, faire rentrer les éclaireurs, puis rester un certain temps stationnaire ; l'ennemi y aurait vu une hésitation, un indice de faiblesse et aurait certainement attaqué, étant donnés son fanatisme et son moral exalté par les succès antérieurs, tels que la prise récente d'Omdurman. Si l'attaque désirée ne se produisait pas, une marche lente rétrograde, dans un ordre parfait, chacun étant prêt à s'arrêter et à ouvrir instantanément le feu, aurait certainement poussé l'ennemi à courir sus à un adversaire paraissant aussi peu confiant dans sa force. Ce n'est qu'après avoir essayé tous ces moyens prudents et afin d'avoir à tout prix un combat, qu'il eût été possible de se résoudre à manœuvrer à 500 mètres des lances d'un adversaire fanatique, aguerri et très supérieur en nombre.

De l'aveu même des acteurs de ce drame sanglant, les éclaireurs se replièrent sur le carré en masquant le tir des faces au moment même de la charge des Arabes, au moment même où il était extrêmement urgent d'ouvrir le feu. Or, ces éclaireurs étaient inutiles, puisque l'ennemi avait signalé de très loin sa présence par les drapeaux qui jalonnaient son front ; en outre, le principal avantage de la formation carrée étant de permettre l'ouverture instantanée du feu dans toutes les directions, la présence d'éclaireurs hors du carré, surtout à moins de 1.000 mètres d'*un ennemi en vue*, était une réelle inconséquence. C'était aussi peu logique que l'acte d'un chasseur qui, voyant son chien en arrêt sur un lièvre, pousserait son quêteur vers le gîte du lièvre au lieu de se tenir en mesure de tirer ; il se mettrait ainsi dans l'alternative ou de tuer son chien en tirant sur le lièvre, ou de laisser au gibier le temps de se sauver, de crainte d'estropier son quêteur.

Mais ce n'est pas tout. Le carré était défendu, sur la face attaquée, par des cavaliers provenant de régiments différents et improvisés fantassins depuis peu. Ces « cavaliers à pied », après avoir tiré, reculaient chaque fois de quelques pas. Comment espérer que ces hommes qui, par toute leur instruction militaire antérieure, étaient persuadés que l'infanterie ne pouvait résister à la cavalerie, resteraient en place, sans broncher, sous un choc qu'ils considéraient comme irrésistible ? Si seulement ils avaient su se servir de leur arme ! Mais on constata que le nombre des cadavres ennemis, tombés devant la face qu'ils défendaient de concert avec des marins — improvisés également fantassins, — était insignifiant.

Enfin, la pièce d'artillerie qui appuyait cette face s'enraya ! De telle sorte que les feux de l'infanterie et de l'artillerie, qui constituent la principale force défensive et offensive d'un carré très inférieur comme effectif à celui des assaillants (5.000 à 9.000 hommes), n'existaient pas.

Et cependant, malgré toutes ces circonstances défavorables, malgré l'enfoncement de la face la moins apte au combat, grâce à la fermeté et au sang-froid bien connus des chefs anglais qui ont su communiquer leurs qualités à la troupe, grâce au coude à coude et à la cohésion que procurent les formations en carré, la victoire est restée aux Anglais !

Combat de Tamaï. — Le 13 mars 1884, au combat de Tamaï près de Souakim, les troupes anglaises, commandées par le général Graham, étaient formées en deux carrés. L'un d'eux, commandé par le général Davis, après avoir obtenu un réel succès par son feu, subit un grave échec et aurait peut-être été complètement détruit, sans l'assistance que lui prêta le second carré.

Ce revers fut dû, d'abord, comme à Abu-Kléa, à ce que le carré s'approcha à moins de 1.000 mètres d'un ravin occupé par les masses arabes ; ensuite, à ce qu'en voulant poursuivre l'ennemi qui avait été arrêté par un feu meurtrier, le carré se disloqua trop tôt, les faces s'étant portées en avant, à des vitesses différentes.

La responsabilité de l'échec doit, en conséquence, être attribuée au commandement qui, en faisant approcher le carré à moins de 1.000 mètres d'un ennemi massé et abrité, a diminué son champ de tir sans nécessité imposée par la situation, et qui, en donnant un ordre de poursuite entraînant la dislocation de la troupe avant la démoralisation complète de l'adversaire, a transformé le carré en une cohue désordonnée.

Combat de Kasghill. — Le 7 octobre 1883, près de Kasghill, dans le Soudan égyptien, un désastre complet fut infligé par les Madhistes à l'armée de Hicks-Pacha.

Composée de jeunes soldats à peine instruits et peu aguerris, égarée par des guides félons, cette armée errait depuis plusieurs jours dans le désert, sous un ciel brûlant, à la recherche de l'eau, dont elle manquait. Elle était encombrée par un convoi de cinquante jours de vivres destinés à son effectif, comprenant environ 7.500 hommes, 5.500 chameaux, 500 chevaux et 2.000 domestiques, sans compter les femmes et les enfants des soldats.

Ces chiffres seuls indiquent combien était disproportionnée, pour les 7.500 jeunes soldats, la tâche de défendre une cohue composée de 6.000 animaux, de domestiques, de femmes et d'enfants, plus propres à pousser des cris et à fuir qu'à combattre. Ajoutons à cela la soif, qui accablait des hommes dont le moral était déjà peu solide par lui-même, et nous pourrons dire, sans mettre en cause la capacité militaire très discutée du général Hicks-Pacha, que l'armée portait en elle les principaux germes de la défaite. Complètement surprise, elle n'eut pas le temps de former entièrement les trois carrés qu'elle avait organisés pour le combat, et son désastre fut complet.

Il est permis de conclure de ces quelques exemples que si une formation carrée ne donne pas tout ce qu'on est en droit de lui demander, l'insuffisance du chef ou la mauvaise organisation matérielle de la colonne en hommes, armement, convois et moyens de transport appropriés aux pays parcourus, en sont généralement la cause.

Les terrains plats, privés de couverts ou d'ondulations permettant à l'ennemi de se dissimuler à moins de 1.000 mètres, — terrains que l'on ne rencontre ordinairement que dans le Sud algérien, sur les bords du Niger qui avoisinent le Sahara et dans quelques endroits de la Mauritanie, — sont les plus favorables à l'emploi des formations carrées.

Le carré rigide, qui représente l'idéal de la cohésion, sera préféré en présence de cavaliers aussi valeureux et aussi intrépides que les Touareg, les Marocains ou les Arabes de l'Algérie, qui possèdent un tel élan que, si la moindre fissure leur donne accès dans la formation, ils ne tardent pas à s'y engouffrer en un torrent impétueux.

La puissance meurtrière de l'armement moderne n'a modifié en rien les conditions de ce genre de combat. Il suffit, pour s'en convaincre, de rappeler que les grenadiers de Bonaparte, armés de fusils à piston, et combattant les Mameluks, évitèrent, en Egypte, la rupture de leurs carrés, alors que les soldats du général Stewart et les soldats égyptiens de Hicks-Pacha, armés de canons modernes et de fusils à tir rapide, ne purent éviter ce malheur. Les armes les plus parfaites ont fort à faire pour empêcher des guerriers, qui méprisent la mort, d'en arriver au corps-à-corps ; les récits de la campagne d'Egypte, des expéditions anglaises au Zoulouland et au Soudan, de la campagne du Dahomey, des combats autour de Sébastopol, de Port-Arthur, de Liao-Yang et de Moukden, nous fournissent, sur ce point, de nombreux exemples convaincants. Les peuplades africaines, poussées par le fanatisme, source des plus aveugles, des plus sublimes et des plus redoutables héroïsmes, ont le suprême mépris de la mort. Elles font la guerre par goût et leur vie misérable a bien peu de valeur pour être de quelque poids, comme enjeu, en regard des profits que la razzia, couronnement inévitable de la victoire, peut leur procurer.

Les soldats de métier disparaissent peu à peu dans les armées européennes, et il en sera ainsi de plus en plus ; les perfectionnements de l'armement comblent en partie cette lacune. Mais si ces engins parfaits sont parfois entre les mains de soldats aguerris, faut-il, pour cela, rejeter toutes les chances de succès ? Aussi, quelle que soit la confiance qu'un chef puisse avoir dans ses troupes et dans son armement, il devra prendre la formation en carré pour marcher dans les terrains plats et découverts, contre des irréguliers africains.

CHAPITRE III

Formations carrées en marche.

En principe, la sécurité d'une formation carrée n'est pas assurée, pendant sa marche, par des avant-gardes, arrière-gardes, etc. Si elle est privée de cavalerie ou d'infanterie montée, cette sécurité dépend surtout de l'ordre maintenu dans la formation et de son organisation méthodique adaptée à la nature du terrain parcouru, à l'armement, aux mœurs et à l'habileté de l'ennemi. Si elle a de la cavalerie ou de l'infanterie montée, elle l'emploiera pour l'exploration rapprochée, la sécurité immédiate et la surveillance du convoi. Dans le cas où elle ne disposerait que de cavaliers auxiliaires, il lui sera possible de les hasarder pour l'exploration éloignée, mais en prenant toutes les précautions pour conserver avec eux une étroite liaison.

Comme il est excessivement rare que les grandes unités, — et nous considérons comme telles, dans les opérations coloniales, toute colonne comprenant plus de 800 hommes, — n'aient pas dans leurs rangs quelques cavaliers ou fantassins montés, nous étudierons leurs moyens d'action en les supposant composées de troupes des trois armes, et ayant un effectif minimum de 800 à 1.000 fantassins, 50 à 100 sabres et une section d'artillerie de montagne. Toute colonne comprenant moins de 800 fantassins et privée de cavalerie devrait suivre les règles qui seront développées dans les chapitres relatifs aux petits détachements.

Formations de marche d'un carré rigide.

La formation qui paraît la plus favorable à la marche d'un carré rigide est celle qui se rapprocherait des formations employées par les troupes algériennes et dont nous donnons ci-après quelques figuratifs :

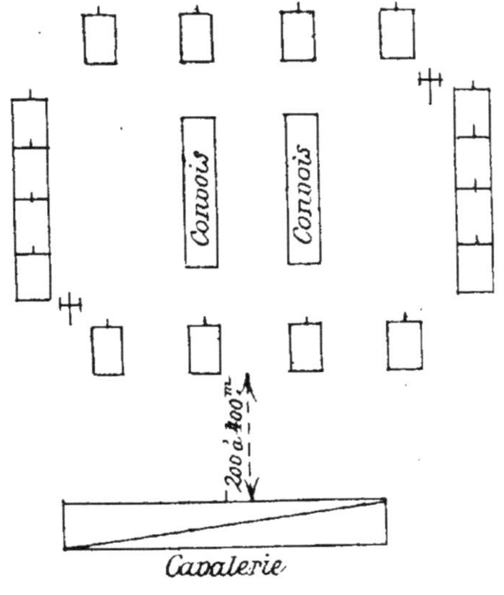

FIG. 7.

Carré en marche menacé de tous côtés.

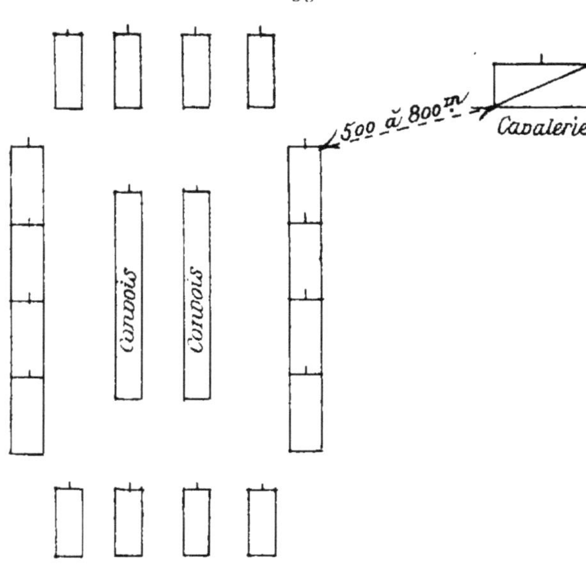

FIG. 8.
Carré en marche menacé sur son flanc gauche.

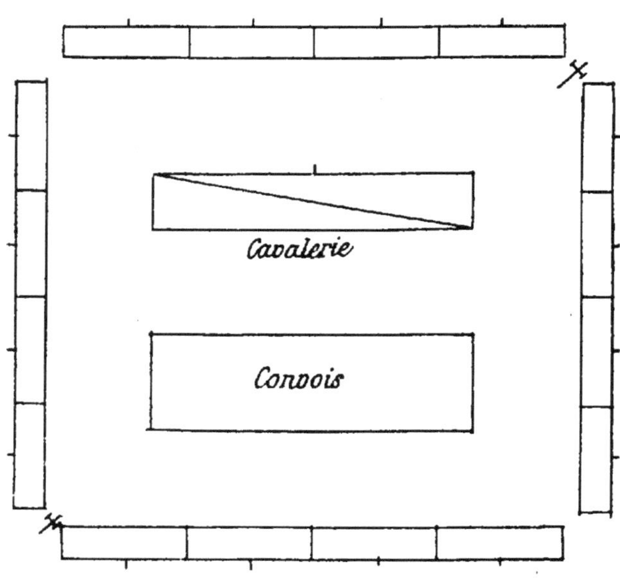

FIG. 9.
Carré, pendant le combat, avec sa cavalerie à l'intérieur.

Dans ces formations, les compagnies des faces avant et arrière marchent en ligne de sections par deux ou par quatre, suivant les difficultés du terrain. Les compagnies des faces droite et gauche marchent en colonne par deux. Le convoi est au centre, l'artillerie près des angles ; si l'on n'a que deux pièces, elles sont placées aux angles opposés, en diagonale, de manière que chacune d'elles puisse protéger deux faces.

La cavalerie est placée du côté le moins menacé, parce qu'elle est la moins propre à résister à une cavalerie ennemie supérieure en nombre. Si l'on se croit menacé de tous les côtés, elle est placée en arrière, à 200 ou 400 mètres environ ; elle peut ainsi, en cas de combat, se porter en avant, vers la face du carré non attaquée et ne masque pas le feu des faces qui doivent tirer. Si l'assaillant attaque les quatre faces avec une cavalerie très nombreuse, la cavalerie rentre à l'intérieur du carré. Si l'attaque n'est donnée que par de l'infanterie ou une cavalerie peu nombreuse, la cavalerie s'éloignera au galop et se mettra à l'abri tant que la lutte sera indécise.

Les auxiliaires, — si la colonne en possède, — sont lancés dans une ou plusieurs directions pour éventer le gros des forces ennemies ; ils forment des groupes distincts, dont l'effectif est proportionné aux périls que comporte leur mission. Il est indispensable de leur donner un insigne distinctif — turban ou brassard rouge ou jaune — que les indigènes ne portent pas habituellement.

Carré en marche dans des terrains dangereux.

Les terrains parsemés de futaies, ravinés, traversés par des lits de rivières ou de torrents desséchés, ceux présentant des ondulations pouvant cacher un homme debout et ceux couverts de brousses insuffisantes pour rompre l'élan d'une charge en fourrageurs, sont particulièrement dangereux. Des fantassins et des cavaliers pied à terre peuvent s'y dissimuler en position d'attente et préparer une attaque par surprise.

La mesure la plus sûre serait, si possible, d'abandonner la piste qui oblige à traverser ces terrains suspects et de marcher en plaine, en évitant tout accident du sol qui pourrait, à moins de 1.000 mètres, favoriser une embuscade. Pour parcourir au galop de charge cette distance de 1.000 mètres, les cavaliers indigènes mettront environ trois minutes. Ces trois minutes suffiront à une troupe qui conserve son sang-froid pour faire face à l'attaque, ouvrir le feu sur la charge lorsqu'elle sera à 200 mètres des faces et mettre les animaux du convoi dans l'impossibilité de jeter le désordre dans le carré.

Il est certain que si la marche est ainsi plus sûre, elle sera plus lente. Des nécessités peuvent empêcher l'utilisation de cette mesure de prudence, et il faut passer quand même à proximité du danger. Dans ce cas, toute l'attention du chef se porte sur l'ordre et la cohésion qui doivent régner dans la troupe et dans le convoi ; les armes sont approvisionnées ; les pièces sont chargées ; les pièces de montagne sont attelées, si possible ; les conducteurs tiennent les entraves prêtes pour immobiliser immédiatement leurs animaux en cas d'attaque. Toutes ces dispositions préparatoires de combat sont maintenues tant que la troupe est à moins de 1.000 mètres du terrain dangereux. Les atermoiements de l'ennemi n'ont, en effet, d'autre but que de lasser la vigilance et la persévérance des troupes régulières, afin de pouvoir les attaquer à fond, au moindre signe de désordre, de lassitude ou de négligence.

Carré parcourant un terrain dangereux, situé sur une de ses faces, à moins de 1.000 mètres.

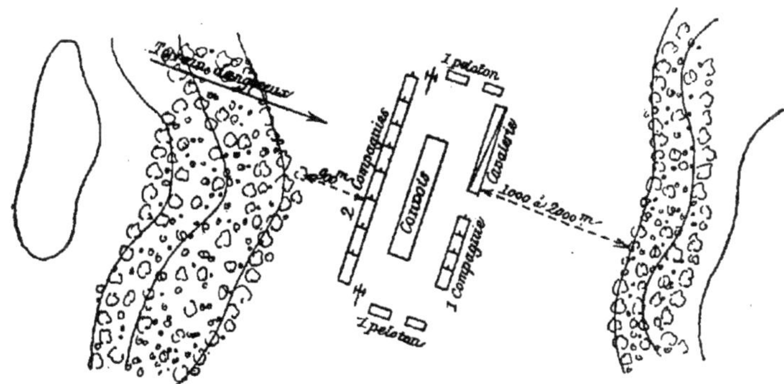

Fig. 10.

La moitié des fantassins est placée sur le côté menacé ; les faces avant et arrière sont tenues par une même compagnie ; la face droite est formée d'une compagnie complétée par la cavalerie. L'intérieur du carré est alors laissé libre pour le convoi en cas d'attaque et les quatre faces sont complètement fermées, empêchant ainsi quelques animaux mal entravés de s'échapper.

Les pièces sont placées aux angles de la face menacée ; elles pourraient au besoin, étant donnée l'étroitesse des faces avant et arrière (40 mètres environ), tirer vers la direction opposée.

Carré parcourant un terrain dangereux sur deux de ses faces.

La totalité des fantassins (moins deux sections, 2/16 de l'effectif) est placée respectivement sur les deux faces de droite et de gauche ; les pièces sont aux angles avant et arrière, en diagonale ; la cavalerie, pied à terre, ferme le carré sur ces mêmes faces, en se plaçant, par moitié, à côté de l'artillerie.

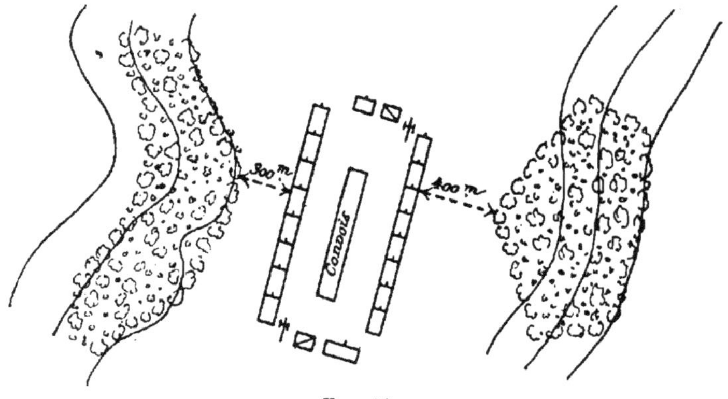

Fig. 11.

Le plus grand nombre de fusils est ainsi placé du côté dangereux ; l'unité de commandement est assurée ; la surface intérieure du carré reste à la disposition du convoi ; les deux pièces d'artillerie compensent, en partie, la faiblesse résultant de l'emploi de la cavalerie pour assurer la fermeture du carré.

Carré parcourant un terrain qui procure à l'une de ses faces une protection certaine contre le choc.

Les terrains qui répondent à cette condition sont ceux qui ont sur un de leurs côtés :

1° Des cours d'eau ou marais ayant au minimum 8 mètres de large et une profondeur d'eau de $1^{m},50$. En admettant que l'ennemi les franchisse, son élan sera rompu et son attaque suffisamment retardée pour que la troupe ait le temps de lui faire face.

2° Des tourbières, des hauteurs abruptes, des bois, infranchissables même à de petits groupes de fantassins.

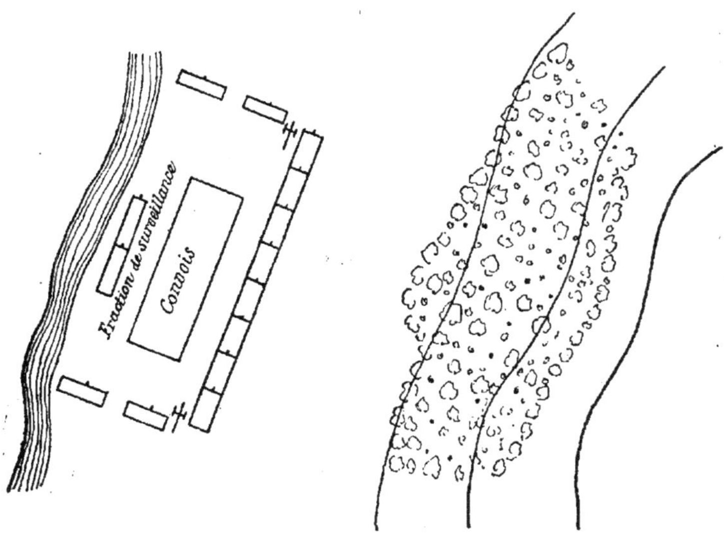

Fig. 12.

Il est certain que, dans un pareil terrain, la face qui est du côté protégé peut être supprimée et son effectif utilisé pour renforcer la face ou les faces menacées. Une fraction sera laissée du côté de la face dégarnie comme en-cas et pour la surveillance.

Carré parcourant un terrain dangereux pour toutes ses faces.

Nous avons déjà exposé qu'un terrain est très dangereux pour un carré lorsqu'il permet à un adversaire de se ruer en masse contre lui, en partant d'un point situé à moins de 1.000 mètres de l'une des faces. Mais si la troupe est solide et le commandement actif et vigilant, le danger est beaucoup atténué.

Lorsque ces terrains présentent de longues ondulations couvertes de brousse peu épaisse et basse, il est indispensable, afin d'éviter les surprises, d'envoyer dans chacune des directions dangereuses un ou deux cavaliers volontaires intelligents — des gradés de préférence —, des mieux montés et ayant une vue parfaite. Ces cavaliers « signaleurs » se tiendront assez loin du carré, entre 300 et 600 mètres, de telle sorte que, lorsqu'ils indiqueront par un coup de feu ou tout autre signal qu'un fort parti ennemi est en vue, le carré ait le temps de s'arrêter en ordre et de se préparer à ouvrir le feu sur l'assaillant dès qu'il paraîtra.

Les « signaleurs » doivent rejoindre le carré de toute la vitesse de leur monture, par un des angles, en démasquant les côtés qui peuvent recevoir la charge. Dans le cas où les « signaleurs », affolés, masqueraient le tir, la troupe ne doit jamais hésiter à tirer quand même ; il y va de son salut.

Les confins des régions désertiques du Sahara, du Dahomey, du Soudan anglais et du Soudan français contiennent des terrains couverts de haute brousse et plantés d'arbres. Ils sont très dangereux et nécessitent, pour leur traversée, l'emploi de formations se rapprochant de celles adoptées par les Français pendant la campagne du Dahomey, dirigée par le général Dodds, et par les Anglais pendant la première campagne contre les Achantis, en 1873, dirigée par le général Wolseley.

Dans ces terrains, la cavalerie est moins à craindre, en raison des obstacles que la brousse épineuse et les arbres présentent à la rapidité et à la cohésion de la charge ; le choc est peu à redouter et les formations carrées peuvent encore y être avantageuses, bien que la nature du terrain soit cause d'un certain désordre pendant la marche.

Si l'on conserve la formation en carré rigide, il faut avoir, vers chacun des angles du carré, et à 100 ou 200 mètres environ, un ou deux signaleurs à cheval, avec une mission identique à celle que nous avons indiquée précédemment.

Une « formation carrée souple » serait plus avantageuse.

Carré attaqué par le feu pendant sa marche.

Pendant sa marche, le carré peut être en butte à des tirailleries de l'ennemi. L'emploi de tirailleurs cheminant parallèlement aux faces du carré présente des dangers que le combat d'Abu-Kléa a fait ressortir, ces tirailleurs ayant masqué le tir des faces au moment où se produisait l'attaque de l'ennemi. Après ce combat, et pendant la marche vers le Nil, le général Stewart fut tué et remplacé par le colonel Wilson. Cet officier continuait de marcher sur Meteumneh, lorsqu'une nuée de fantassins arabes, tiraillant contre le carré, lui infligea des pertes sensibles.

Pour ne pas retomber dans la faute commise à Abu-Kléa, le colonel Wilson supprima alors les tirailleurs cheminant parallèlement aux faces. Lorsque son carré était serré de trop près et que le feu des Arabes devenait trop meurtrier, il ordonnait à sa troupe de se coucher et d'envoyer des feux vers l'ennemi, dont la position était marquée par la fumée qui s'élevait au-dessus des hautes herbes. Puis son feu ayant balayé le terrain et arrêté le tir des Arabes, il reprenait sa marche et recommençait cette manœuvre aussi souvent qu'elle était nécessaire, bien qu'elle eût l'inconvénient de ralentir la marche et de fatiguer les hommes.

Les troupes coloniales françaises ont usé de ce moyen,

au Tonkin, pour fouiller un terrain suspect ou pour débusquer des tireurs ennemis qui, couverts par la brousse épaisse, leur infligeaient des pertes sensibles.

Il est probable que ces feux de salve, tirés sur des nuages de fumée, étaient peu efficaces et que le ralentissement ou la cessation du feu chez l'adversaire était beaucoup plus la conséquence d'un effet moral que de pertes matérielles. Ne pourrait-on obtenir le même résultat sans interrompre la marche ?

Par exemple, une demi-section de chaque section, ou la section de tête de chacune des compagnies latérales, pourrait s'arrêter et ouvrir le feu pendant que le restant de la compagnie continuerait la marche. Elle prendrait la gauche de sa compagnie lorsque cette gauche arriverait à sa hauteur. La compagnie de queue opérant de même, il y aurait toujours entre les deux compagnies la place nécessaire pour cette section. (Fig. 13, 14, 15 et 16.)

La marche générale du carré subira, forcément, un ralentissement, mais non pas un arrêt. Ce ralentissement ne sera jamais bien important, car un terrain fournira rarement à l'ennemi l'occasion de tirailler sur le carré pendant plusieurs heures. La face avant diminuera son allure pendant que les faces latérales l'accentueront en vue de restreindre au plus tôt les vides qui se produiront sur leur tête. Plus les faces latérales accéléreront leur marche, moins la face avant aura besoin de ralentir la sienne, sur laquelle est réglée, en fait, la vitesse de marche du carré entier.

Cette accélération ne doit être recherchée qu'à condition de ne pas compromettre l'ordre et la cohésion de l'ensemble de la formation. Dans le cas contraire, il serait préférable d'avoir une fraction de remplacement, sorte de réserve destinée à tenir le carré constamment étanche, ou bien d'employer judicieusement l'artillerie à cette

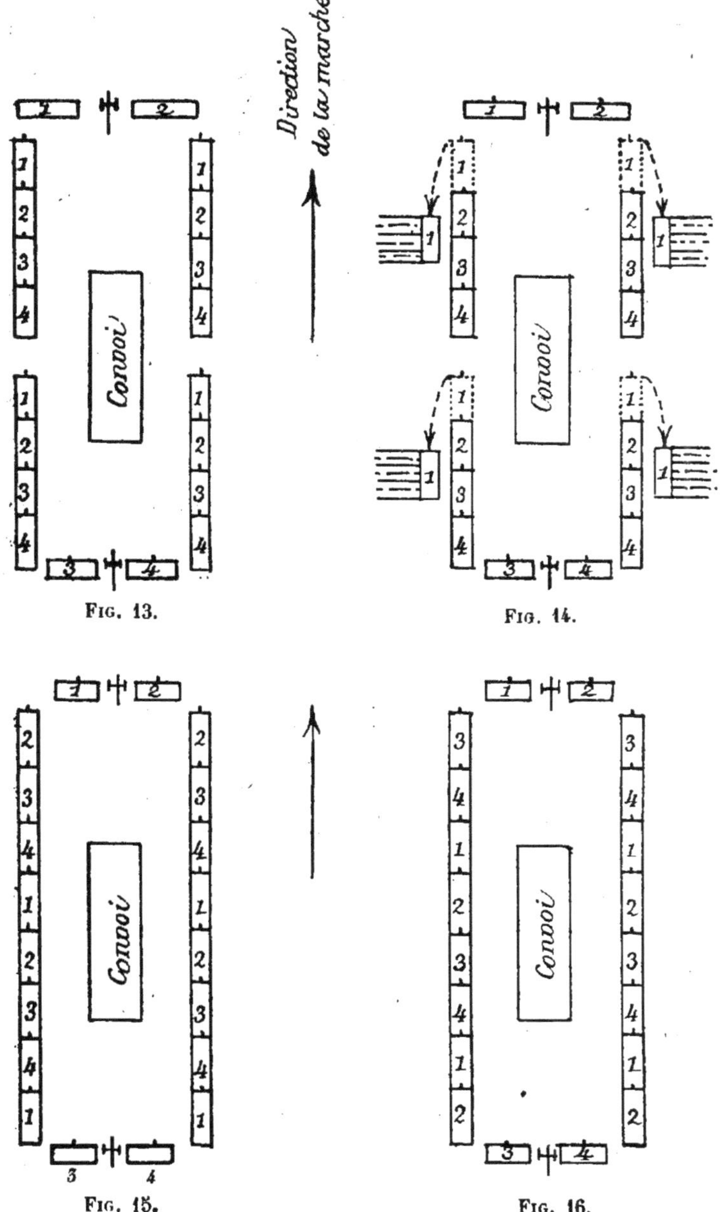

Fig. 13.

Fig. 14.

Fig. 15.

Fig. 16.

mission, ou bien encore de former sur un rang la fraction qui est la plus voisine du vide créé par la fraction qui tire.

Examinons en détail ces trois moyens de parer aux vides qui se produisent dans les faces du carré.

CONSTITUTION D'UNE RÉSERVE.

Les réserves paraissent, au premier abord, très utiles pour parer aux dangers qui menacent les formations carrées lorsqu'elles sont bousculées, ainsi que cela s'est produit à Abu-Kléa, le 17 janvier 1885, ou lorsqu'elles sont complètement déformées, comme à Tamaï, le 12 mars 1884.

Les Anglais placèrent de petites réserves aux angles de leur carré pendant le combat d'Abu-Kru et de grosses réserves aux faces latérales pendant leur marche sur Tamaï, le 2 avril 1884 ; mais ni l'un ni l'autre de ces carrés n'eut à combattre. Il y a lieu, cependant, de remarquer que lorsque les Anglais constituèrent ainsi des réserves à l'intérieur de leurs carrés, ils étaient sous l'impression de deux échecs récents ; la colonne d'Abu-Kru avait subi, deux jours auparavant, un échec partiel à Abu-Kléa ; la colonne de Tamaï avait subi, dix jours avant, un échec grave au combat de Tofrik (1).

Si les formations carrées, par leur nature même, présentent une grande force de résistance au choc en raison de leur masse et de leur cohésion, elles constituent, par contre, une cible idéale pour les armes à feu ; elles seraient funestes si, au lieu des tireurs maladroits et in-

(1) Le combat de Tofrik est appelé aussi combat de Tamaï, bien que les Anglais aient livré, pour occuper Tamaï même, un deuxième combat moins meurtrier, appelé également combat de Tamaï.

expérimentés, comme le sont généralement les irréguliers, elles avaient à lutter contre des tireurs adroits, contre les Boers, par exemple. Une réserve intérieure ne ferait qu'augmenter encore la cible vaste et massive que présente un carré dont les faces sont formées par des fractions sur deux rangs et dont l'intérieur est encombré d'états-majors, de convois, d'animaux, de conducteurs, de malades, etc.

D'autre part, le rôle d'une réserve consiste à remplir les vides causés par le feu, à renouveler l'ardeur et le moral de la troupe influencée par les pertes subies, à maintenir ou à renforcer le feu des combattants et, enfin, à pousser en avant les fractions ébranlées par l'intensité du feu ennemi. Pour qu'elle puisse remplir ce rôle, il est indispensable qu'elle soit tenue à l'abri des émotions et des pertes que peut causer le combat ; sans cela son moral subirait les mêmes fluctuations que celui de la troupe qui est engagée. Les formations carrées, avec les effectifs qui les composent, ne permettent pas de réaliser cette condition.

Des réserves placées à l'intérieur du carré n'auront, pour les protéger, que la poitrine des soldats qui forment les faces, et, avec les fusils modernes, cette protection n'existe plus.

L'histoire des guerres coloniales nous enseigne que lorsque des carrés ont été enfoncés, c'est beaucoup plus le choc impétueux de l'assaillant ayant rompu la formation qui en a été cause, que les pertes subies par le feu. Et, lorsque ce grave événement s'est produit, grâce à la valeur et à la fermeté d'âme des soldats valeureux qui formaient le carré, l'assaillant a été finalement repoussé après une lutte corps à corps, livrée par les hommes mêmes qui formaient la face enfoncée et avec l'aide des faces voisines et non de réserves. Et cela se conçoit facilement.

Si, dans une attaque dirigée sur plusieurs faces d'un carré, l'une des faces est enfoncée, tous les assaillants se ruent vers la brèche qui leur permettra de saisir à bras-le-corps un adversaire dont ils ne redoutent que l'armement. A ce moment critique, les faces qui n'ont plus personne devant elles sont disponibles pour repousser hors du carré les ennemis qui ont pu y pénétrer. Si elles sont sur deux rangs, elles emploient leur second rang à cette tâche.

A toutes ces raisons qui s'opposent à la constitution de réserves dans les carrés, nous en ajouterons une dernière.

La force d'un carré réside dans l'intensité meurtrière de son feu, et c'est lui enlever une partie de cette force que de prélever sur son effectif une réserve destinée à n'agir que lorsque l'assaillant l'aura rompu par son choc. Un carré qui a été incapable de se préserver par le feu est un carré à moitié perdu ; il ne peut plus tirer parti de la force matérielle et morale que lui donnent ses armes, parce que les soldats cessent de tirer par crainte de s'atteindre mutuellement dans la mêlée. L'assaillant, au contraire, utilise alors tous les avantages que lui donnent son habileté comme combattant à l'arme blanche et sa supériorité numérique.

Les carrés anglais, défoncés pendant les guerres livrées aux Zoulous et aux Mahdistes d'Osman-Digma près de Souakim, ne furent sauvés d'un complet désastre que grâce à la solidité des troupes anglaises blanches et à la présence d'autres carrés restés intacts.

Toute l'attention du commandement doit donc tendre à éviter la rupture ; il faut, pour cela, empêcher l'assaillant d'approcher tellement des faces que le salut du carré ne puisse plus être recherché que dans la lutte à l'arme blanche.

Carré attaqué sur ses faces latérales.

Comment, alors, combler les vides laissés par les sections qui tirent pendant que le carré continue sa marche sous la menace d'une attaque de flanc ?

1° La section qui suit la fraction qui exécute des feux de pied ferme peut se former sur un rang, par dédoublement. Ce mouvement est exécuté sur la queue de la section ; il a l'inconvénient d'imposer une fatigue aux hommes et paraît peu pratique.

2° Si l'on a de l'artillerie, les pièces peuvent être placées près des vides qui se produisent. (Fig. 17.)

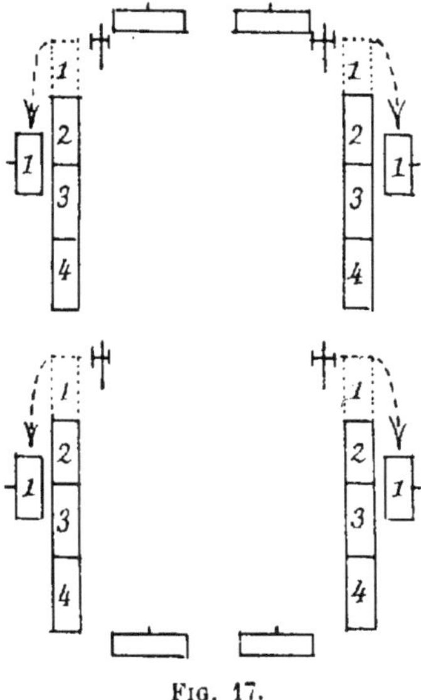

Fig. 17.

3° A côté de la section de tête de chaque compagnie, peut marcher une demi-section « par un » ; la section est pour ainsi dire formée en colonne par trois. Chaque fois que la section de tête s'arrête pour tirer, la demi-section « par un » continue sa marche et le carré ne présente aucun vide. (Fig. 18 et 19.) Cette solution paraît très rationnelle.

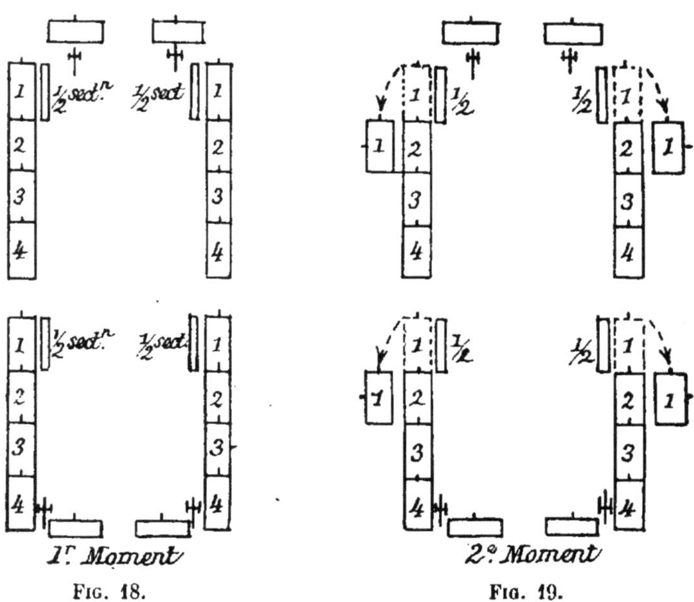

Fig. 18. Fig. 19.

Il peut arriver que, dans cette situation, l'ennemi, cessant brusquement ses tirailleries, exécute une charge à fond ; quelques fractions des faces latérales seront sur quatre rangs, d'autres sur un rang.

Dans les fractions sur quatre rangs, des « feux de masse » seront exécutés, les deux premiers rangs prenant la position à genou. Quant aux fractions sur un rang, elles seront appuyées par les fractions voisines, qui sont à moins de 10 mètres d'elles, et par l'artillerie, placée près des angles ; d'ailleurs, si elles conservent leur sang-froid, le feu de leurs armes sera encore suffisamment meurtrier.

Carré attaqué sur ses faces arrière et avant.

Pour la face arrière, il suffit d'une ou deux demi-sections par compagnie qui s'arrêtent alternativement pour faire feu pendant que le convoi poursuit sa marche et continuent leur mouvement par échelons de 15 à 20 pas, tant que la charge ennemie ne se dessine pas. (Fig. 20.) Il faut veiller, dans cette manœuvre, à ce que les demi-sections de relève, en ouvrant leur feu trop précipitamment, ne blessent pas les hommes des demi-sections qui rejoignent le carré.

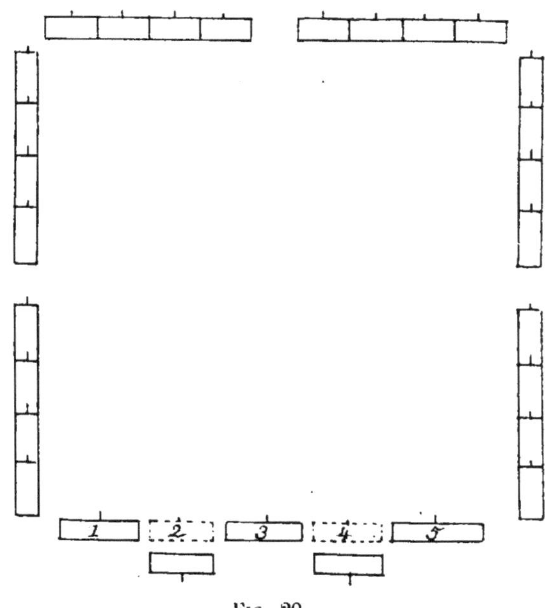

Fig. 20.

En ce qui concerne la face avant, il semble difficile de concilier la marche avec le feu, sans amener une diminution dans l'allure. Le carré en marche est moins vulnérable qu'en station ; plus il s'arrête ou retarde sa marche, plus il permet à l'ennemi de l'enserrer dans un cercle de feu meurtrier, et plus il retarde le moment où il atteindra cet ennemi qui se dérobe.

Il est alors nécessaire de diminuer la vulnérabilité en faisant marcher les compagnies en ligne de sections par deux ou par un, si l'ennemi ne dispose que de fusils dont les projectiles ne peuvent traverser qu'un seul homme. Dans le cas contraire, et si des raisons impérieuses ne s'y opposent pas, il serait préférable de rétrécir les faces avant et arrière et de transformer le carré en un parallélogramme dont les grands côtés constitueraient les faces latérales par rapport à la direction de la marche. (Fig. 21.)

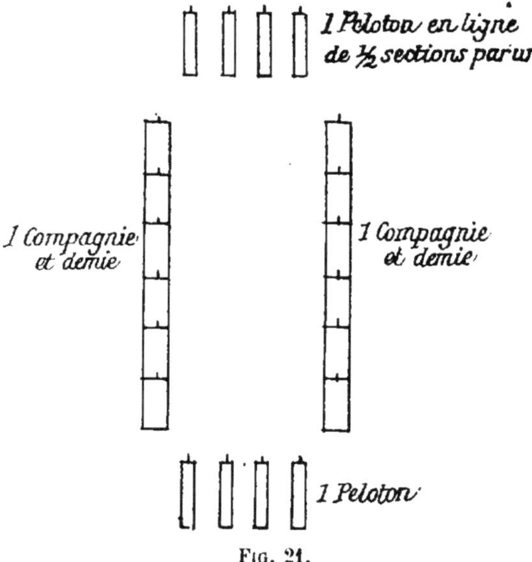

Fig. 21.

Dans les terrains difficiles, les compagnies de la face avant, formées en ligne de demi-section par un, peuvent marcher plus facilement.

FORMATIONS CARRÉES SOUPLES

Pour des troupes dont l'effectif est inférieur à 2.000 hommes, et lorsque les adversaires ont les mœurs et les façons de combattre des Touareg et des Marocains, qui recherchent la victoire dans un combat par le choc et non par le feu, les carrés rigides doivent être préférés aux carrés souples, malgré les inconvénients qu'ils présentent pendant la marche. Les avantages d'une formation carrée souple sont surtout appréciables lorsque la colonne dépasse le total de 1.000 à 3.000 hommes.

Pour un même effectif et dans certaines directions, elle fournit instantanément un front de combat supérieur à celui d'un carré rigide. (Fig. 22 et 23.)

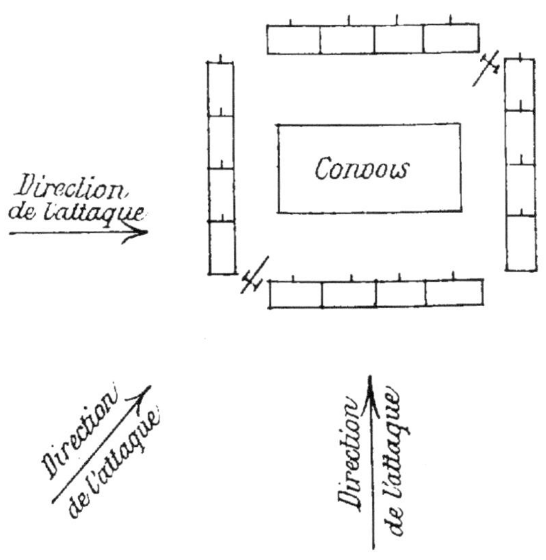

FIG. 22.

Bataillon prêt pour le combat (carré rigide).

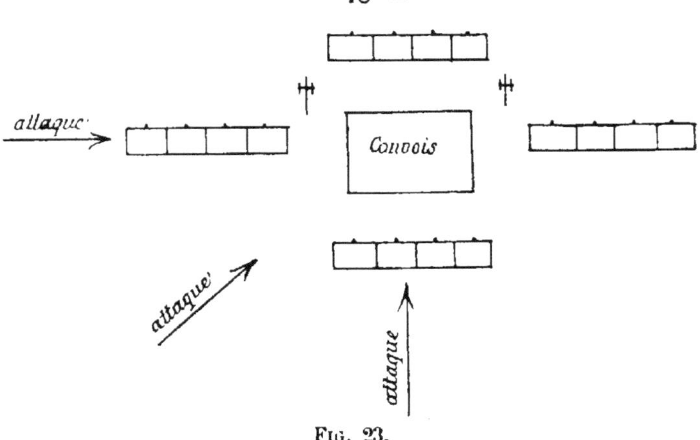

Fig. 23.

Bataillon prêt pour le combat (carré souple).

Grâce à sa souplesse, elle permet de franchir les obstacles sans grands efforts et sans ralentir la marche (fig. 24 et 25) ; en outre, l'échec subi par une fraction ne compromet pas l'ordre et la manœuvre des fractions voisines.

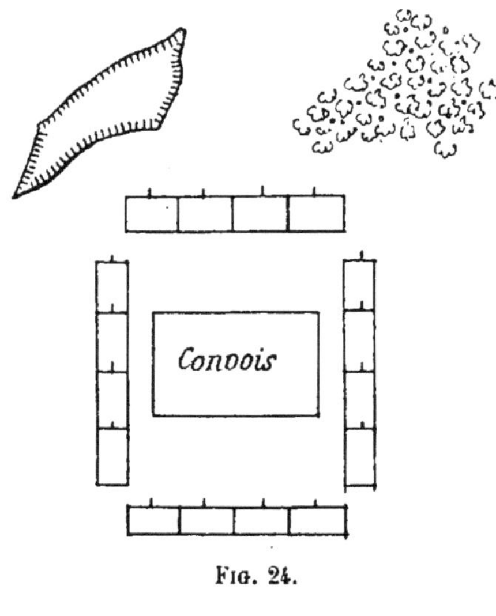

Fig. 24.

Carré rigide.

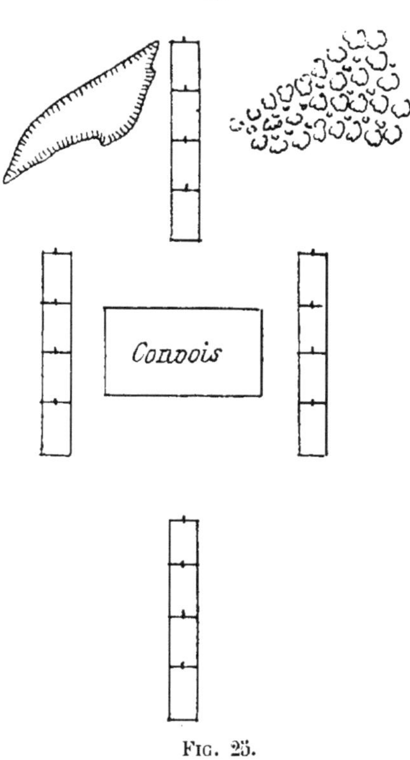

Fig. 25.

Carré souple.

Contre les fanatiques soudanais, contre les vigoureux et intrépides cavaliers marocains, et surtout contre les Touareg, les formations souples offrent moins de sécurité pour les convois que les formations rigides, en raison des brèches qu'elles présentent et de leur impossibilité d'être aussi fortes dans toutes les directions. Leur emploi est surtout justifié lorsque le terrain rend la marche en carré rigide fort difficile — ce qui est rare en Algérie, au Maroc et dans les régions limitrophes du Niger et du Sahara — et lorsque l'on sait que l'ennemi, en raison de ses aptitudes guerrières, agira plutôt par le feu que par le choc.

La formation de la petite armée française avant la bataille d'Isly (fig. 3) était une formation souple ayant un effectif de 9.500 fantassins, 1.000 cavaliers, 400 cavaliers auxiliaires et 16 pièces d'artillerie.

A la bataille de Tétouan, le 4 février 1860, l'armée espagnole avait adopté, pour chacun de ses corps d'armée, un dispositif presque semblable. (Fig. 26.)

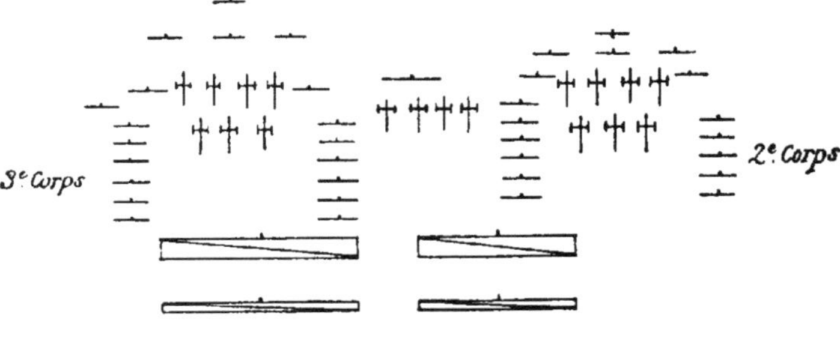

FIG. 26.

Les 20.000 Espagnols qui attaquèrent les camps de Muley-Abbas étaient disposés ainsi : à droite, le 2e corps ayant deux brigades placées en échelons par bataillon, de manière à former une sorte de coin, et les deux autres brigades, en colonnes serrées par bataillon, ayant entre elles deux batteries montées et deux batteries de montagne. Le 3e corps, à sa gauche, avait un dispositif semblable. Entre les deux corps d'armée, marchait le régiment d'artillerie de réserve, précédé d'un détachement du génie. La cavalerie, sur deux lignes, se tenait en arrière de la formation.

Les formations souples en marche (fig. 27) se conforment, d'une manière générale, aux principes de marche des formations rigides. Toutefois, comme leur emploi implique l'idée que le choc des masses ennemies est moins à redouter, le service d'exploration et de sûreté peut être poussé jusqu'à 800 mètres. Ce service ne sera confié qu'à des fractions montées et de force minime, afin que leur destruction ne puisse avoir aucune influence sur la force morale ou matérielle du carré.

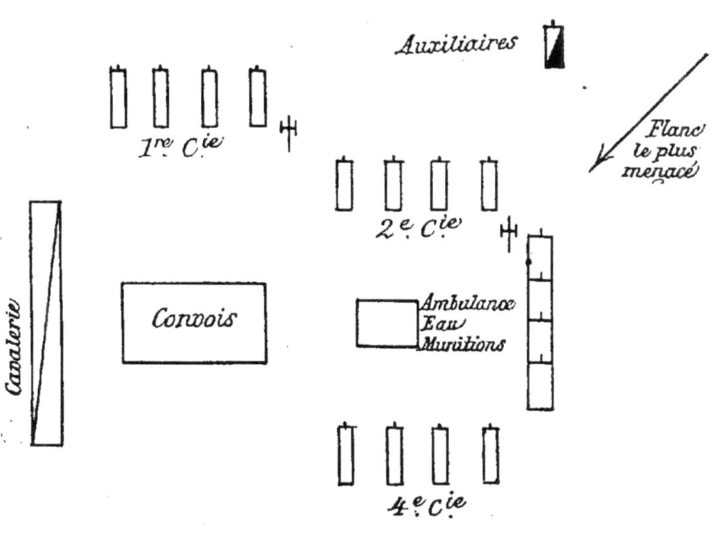

Fig. 27.

Dans tous les cas, l'exploration éloignée à plus de 800 mètres ne doit être confiée qu'à des cavaliers ou à des fantassins montés auxiliaires.

MARCHE EN PLUSIEURS CARRÉS

Une colonne peut avoir avantage à se former en plusieurs carrés, lorsque le terrain qu'elle parcourt est difficile et que son effectif est supérieur à 2.000 combattants. Un carré de cet effectif a, en effet, pour ses faces avant et arrière, un front de 200 mètres présentant une ligne de feu suffisante et peut passer presque partout, sauf dans les terrains très broussailleux du Dahomey.

Dans les terrains très broussailleux ou très accidentés, mais permettant aux carrés de se voir, la formation en plusieurs carrés rigides peut être préférée à la formation souple. Plusieurs petits carrés cheminent plus facilement qu'un seul grand carré ; ils se flanquent réciproquement par leurs feux et peuvent se secourir, ainsi que l'ont fait les Anglais au combat de Tamaï, le 13 mars 1884. Par contre, dans le cas où le terrain empêche de voir distinctement, et s'ils sont attaqués simultanément, les carrés peuvent se fusiller mutuellement. En outre, pour un même effectif, un convoi est plus facilement logé dans l'intérieur d'un seul grand carré que dans l'intérieur de plusieurs petits carrés.

C'est, en dernier ressort, au commandant de la colonne qu'incombe le mérite de faire un choix judicieux parmi les diverses formations carrées, en s'inspirant de l'effectif et de la nature de sa troupe, des mœurs et de l'importance de son ennemi, et, enfin, du nombre de ses impedimenta et de ses moyens de transport.

CHAPITRE IV

Service de sûreté en station.

Une colonne qui stationne doit pouvoir boire, manger et dormir ; son chef cherchera donc, avant toutes choses, à arriver en fin d'étape près d'un point d'eau et à s'en assurer la possession absolue et sûre pendant tout son séjour. Si l'effectif de la troupe ou la nature de l'eau ne lui permettent pas d'englober l'eau tout entière dans son bivouac, il s'établira de manière à en tenir au moins une partie sous son feu. S'il s'agit, par exemple, d'un cours d'eau ou d'une grande mare, il y adossera son bivouac ; si le terrain rend cette disposition trop défectueuse pour la défense, il cherchera un emplacement distant d'environ 200 mètres de cette eau, qu'il tiendra ainsi à portée très efficace de ses feux. Une distance plus grande permettrait encore de s'abreuver, mais nécessiterait la protection des corvées d'eau au moyen d'une troupe spéciale ; il en résulterait un surcroît de fatigue pour les hommes, une grande perte de temps et un certain désordre occasionné par le va-et-vient d'un grand nombre d'hommes et d'animaux, surtout à l'aube et à la tombée de la nuit.

L'eau étant trouvée, il faut encore, si possible, avoir le combustible pour la préparation des aliments ; mais le combustible n'étant nécessaire que pour les hommes, il est préférable de rechercher, en premier lieu, la proximité de l'eau.

Ces deux besoins étant assurés, le chef doit prendre les mesures propres à donner le repos à la troupe pendant le temps minimum indispensable à la réparation des forces. Le service de sûreté (avant-postes, piquets, quarts de veille, rondes, patrouilles) et les obstacles matériels (abatis, ouvrages de défense, utilisation de matériaux trouvés sur place) forment une première organisation pour la sécurité, que la nature même de l'emplacement choisi peut fort heureusement compléter.

Nous donnons ci-après (fig. 28, 29, 30, 31, 32 et 33) des exemples d'emplacements de bivouac où les obstacles naturels utilisés pour la défense assurent une sécurité, soit partielle, soit absolue, contre une attaque de choc par surprise.

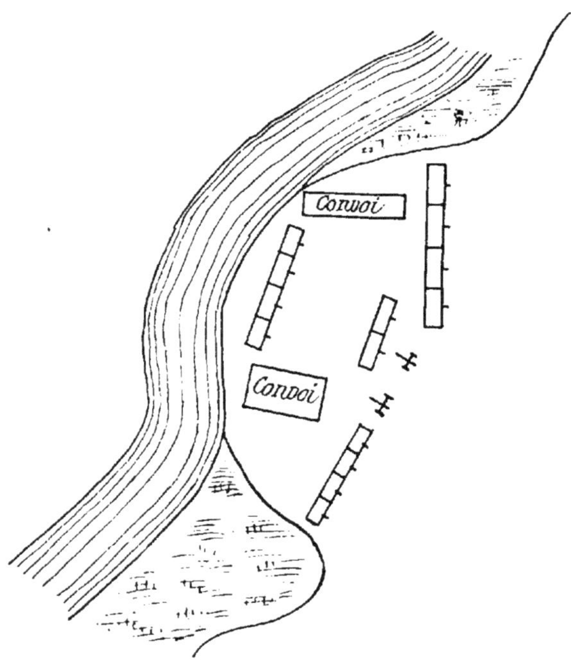

Fig. 28.

Utilisation d'un coude de cours d'eau ou de marais vaseux ayant au moins 8 mètres de large et 1m,50 de profondeur d'eau.

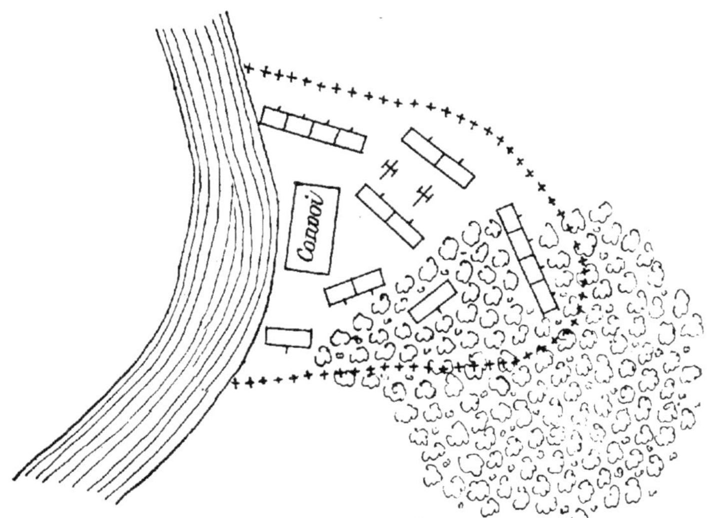

FIG. 29.
Utilisation d'un bois et d'un cours d'eau.

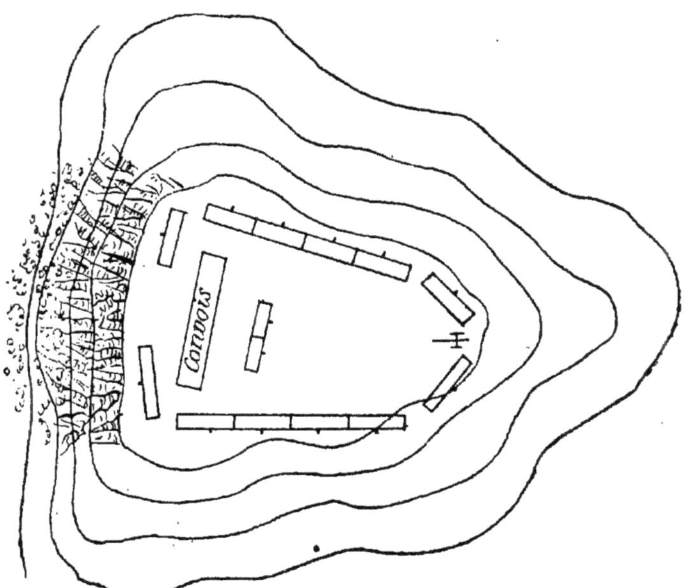

FIG. 30.
Utilisation d'une hauteur ayant un flanc très abrupt et inaccessible.

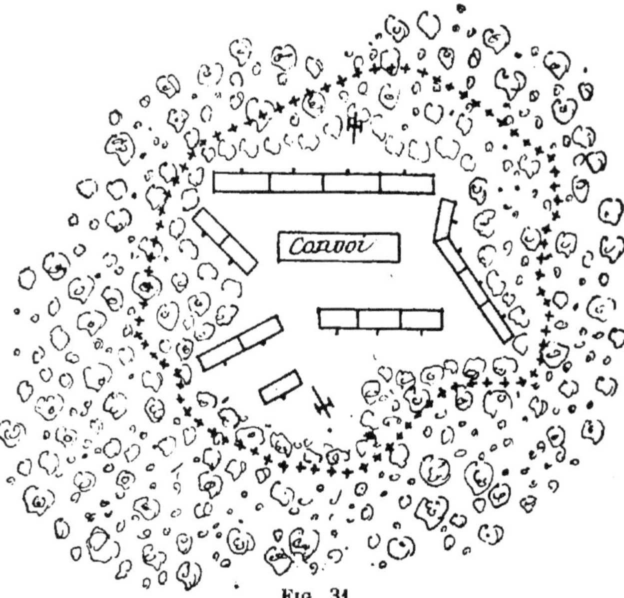

FIG. 31.
Utilisation d'une clairière dans un bois de mimosas ou de brousse très épaisse, et organisée avec des abatis.

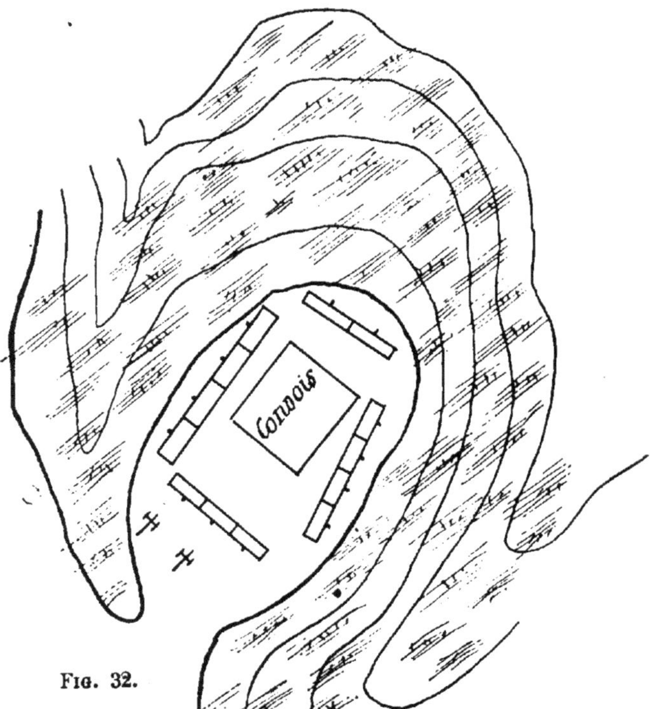

FIG. 32.

Utilisation d'un promontoire ou d'une langue de terre entourée d'eau ou de vase épaisse.

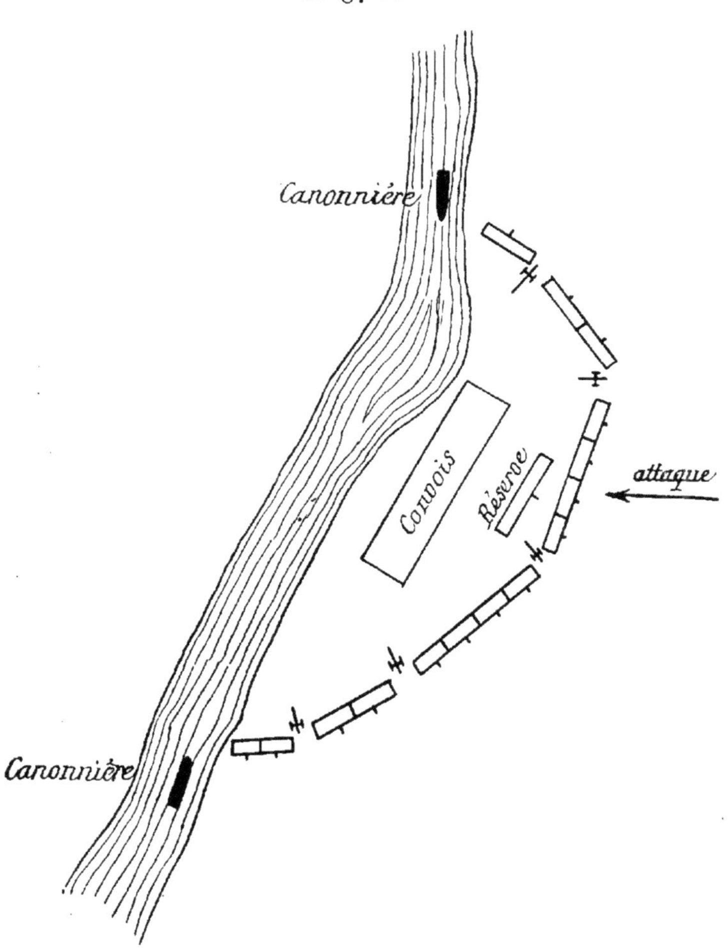

Fig. 33.

Utilisation d'un cours d'eau sans courbe sensible (dispositif approximatif de la bataille d'Omdurman).

On voit, d'après ces exemples, tout le parti que l'on peut tirer de la nature du terrain sur lequel est établi le bivouac, pour augmenter la sécurité de la troupe. L'essentiel, dans les opérations coloniales, est d'être averti à temps pour être prêt à recevoir l'ennemi lorsqu'il arrive à 400 mètres au minimum. Ce résultat sera généralement atteint, avec des troupes vaillantes, si l'ennemi est éventé à plus de 500 mètres du bivouac, si les troupes sont couchées sur les emplacements mêmes qu'elles occuperaient pour le combat et si les armes sont approvisionnées et munies de leurs baïonnettes.

Les Marocains, Algériens et Soudanais se livrent rarement, la nuit, à des attaques à fond ; ils attaquent le plus souvent à l'aube ou pendant les heures les plus chaudes de la journée, rarement à la tombée de la nuit. Les Touareg sont plus à craindre et il faut se méfier d'eux constamment, même pendant la nuit.

Pour être averti, il n'est pas nécessaire d'avoir un effectif nombreux employé en petits postes, rondes ou patrouilles ; la vigilance et l'activité valent mieux que la quantité. Les postes placés à l'extérieur du bivouac présentent les mêmes inconvénients que les tirailleurs détachés, pendant la marche, pour protéger les faces du carré. Si le terrain permet à des sentinelles ou à des postes d'écoute de quatre hommes de s'installer entre 200 et 600 mètres des faces du bivouac et de pouvoir rentrer sans masquer le feu des troupes, cette organisation est de beaucoup la plus efficace pour la surveillance. Dans le cas contraire, il faudra choisir un emplacement de bivouac ayant, du côté non protégé par des obstacles naturels, des vues dégagées jusqu'à 400 mètres au minimum ; les hommes chargés de la surveillance pourront, ainsi, donner l'alarme assez à temps pour éviter la surprise.

La colonne Bonnier, qui a subi un désastre à Tacombao, près de Tombouctou, le 15 janvier 1894, bivouaquait au milieu d'une clairière, dans un bois de mimosas, dans des conditions se rapprochant de celles indiquées par la figure 31. Mais l'échec ne fut nullement causé par l'emplacement choisi comme bivouac. En faisant abstraction des conditions morales et matérielles qui influèrent sur la capacité de résistance des hommes qui étaient arrivés au bivouac exténués de fatigue, les principales causes du désastre furent dues à ce que :

1° La troupe était formée en petits paquets dont l'un ne contenait presque que des officiers ;

2° Les services de quart et de garde laissaient beaucoup à désirer ;

3° Un grand troupeau de bœufs, provenant des prises faites dans la journée, avait été parqué de telle façon que les Touareg ou leurs bellas, en les chassant devant eux, firent renverser les faisceaux contenant presque tous les fusils qui auraient dû rester entre les mains de leurs détenteurs.

CHAPITRE V

Combat des formations carrées.

La formation de combat du carré est identique à sa formation de marche. Un adversaire témérairement résolu, poussant ses attaques à fond, sans souci des pertes et joignant à sa supériorité numérique une rapidité foudroyante, produit par son choc un effet irrésistible s'il n'est prévu à temps. Aussi insistons-nous sur la nécessité de rechercher toujours un surcroît de forces dans l'utilisation du terrain. Ainsi a agi le sirdar Kitchener à Omdurman, le 23 septembre 1898, en appuyant son dispositif contre le Nil et en le flanquant par le feu de ses canonnières. (Fig. 33.)

Si le terrain n'offre aucune ressource, il faut s'assurer

de tous les côtés un champ de vue d'environ 1.000 mètres, avec un champ de tir d'au moins 400 mètres, permettant d'arrêter, par des feux rapides ajustés pendant une minute, la cavalerie la plus ardente et la plus fanatique.

Or, le fusil modèle 1886, avec le magasin approvisionné, permet de tirer huit balles en quarante secondes. Ce nombre paraît suffisant, si le tireur conserve tout son sang-froid, pour faire perdre à l'ennemi un quart ou un cinquième de son effectif, arrêter la charge et la repousser.

Au combat d'Abu-Kléa, les Mahdistes parcoururent la distance entre 400 et 80 mètres environ, qui les séparait du carré anglais, sans subir de graves pertes, malgré le feu violent, mais mal ajusté et trop précipité des Anglais qui manquaient de sang-froid ; ils ne furent arrêtés par le feu que lorsqu'ils arrivèrent à moins de 80 mètres du carré. Deux jours après, au combat d'Abu-Kru, le feu ouvert à plus de 400 mètres fut tellement inefficace qu'on le fit cesser par une sonnerie ; les hommes cessèrent de tirer, ce qui indique bien qu'ils possédaient leur sang-froid. Lorsque l'assaillant ne fut plus qu'à 300 mètres, la sonnerie de « Commencez le feu » fit reprendre la fusillade qui fut meurtrière et repoussa l'ennemi en quelques minutes.

Un champ de tir de 400 mètres paraît donc suffisant pour détruire l'élan d'une masse, rompre sa cohésion et lui faire tourner bride.

Les avantages que procurent le terrain et le tir ne suffiront pas à assurer le succès si l'ordre le plus parfait ne règne pas dans le carré. L'ordre est l'indice de l'état moral et matériel de la troupe ; il indique à l'adversaire que sa furie, que ses clameurs fanatiques, qui sont les deux éléments de sa tactique, restent sans effet ; il assure à la troupe la certitude qu'elle recevra les prescriptions du chef et sera en mesure de les exécuter avec promptitude ; il donne enfin à tous la sensation que la victoire est acquise.

Le désordre est causé, le plus souvent, par les animaux ou par l'indiscipline, la félonie et la lâcheté de leurs conducteurs. L'activité du chef du convoi, son énergie toujours en éveil, ses qualités militaires, lui font un devoir d'empêcher cette cause d'affaiblissement des forces de la troupe.

La conservation de ces forces doit être un souci constant du chef. C'est parce que la capacité de résistance des hommes était dépassée que la colonne commandée par Hicks-Pacha au combat de Kasghill, et, dans une certaine mesure, la colonne Bonnier ont été détruites. Une troupe qui se présente devant son adversaire à bout de souffle est presque à moitié battue.

CHAPITRE VI

Emploi de la cavalerie.

La cavalerie est le complément indispensable des colonnes opérant contre les tribus africaines, aussi bien pour contribuer à la victoire que pour la compléter. Son mode d'action diffère, toutefois, de celui qu'elle emploie dans les guerres européennes.

EXPLORATION

Il ne peut être question d'exploration à grande distance pour rechercher l'armée ennemie, puisque l'ennemi n'a pas d'armée constituée ; inutile d'exposer la cavalerie à un désastre en l'envoyant reconnaître un ennemi dont l'effectif est toujours inconnu, qui a une supériorité numérique écrasante et l'immense avantage de pouvoir, en cas d'échec, se disperser dans n'importe quelle direction pour assurer son salut.

Dans une guerre européenne, où les cavaliers des grandes puissances, pris individuellement, ont la même valeur, on hésite à exposer un régiment de cavalerie qui serait certain de se heurter à deux ou trois régiments ennemis ; on ne comprendrait pas que ce même régiment pût être exposé à se heurter à une masse bien supérieure en nombre de cavaliers rusés, d'une habileté consommée dans le maniement de leurs chevaux et de leurs armes et possédant, par-dessus tout, une connaissance parfaite du pays.

Pendant la guerre du Maroc, le 1er janvier 1860, à la bataille de Castillejos, la cavalerie espagnole se fit décimer en voulant charger contre les masses des fantassins marocains qui tenaient encore tête à l'infanterie. Elle subit plusieurs fois le même sort au début de cette guerre, puis, à la bataille de Tétouan, elle se décida à prendre place à l'abri des formations carrées pour attendre le moment propice à son action.

A la bataille d'Isly, Bugeaud conserva sa cavalerie au centre de son dispositif tant que la masse des cavaliers marocains, hachée par les feux de l'infanterie et de l'artillerie, ne perdit pas sa cohésion et son élan.

Au combat de Hastheen, le 20 mars 1885, le général anglais Graham eut ses deux escadrons du 2e Bengale, qui s'étaient lancés inconsidérément à la poursuite de groupes d'Arabes en retraite, presque détruits par ces mêmes adversaires qui firent volte-face lorsqu'ils virent les escadrons anglais hors de la protection des feux de leur infanterie.

Deux jours après le combat de Tofrik, un escadron du

5e lanciers explorait le terrain en avant des troupes du général Mac-Neill. Cet escadron fut poursuivi avec une telle furie qu'il bouscula, en se sauvant à toute bride, le carré du 1er bataillon Berkeshire, qui fut ainsi rompu sur un de ses saillants. Lorsque la cavalerie du général Mac-Neill vint annoncer la présence de l'ennemi, son avis était superflu, car elle portait l'ennemi en croupe et elle l'aida, par son propre choc, à rompre des carrés qui étaient jusque-là intacts.

Il ressort de ces leçons de guerre que la cavalerie ne doit pas s'éloigner hors de la portée efficace des feux de son infanterie et qu'il est dangereux pour elle de faire une exploration à grande distance, qui ne donnerait, d'ailleurs, aucun résultat. Les Espagnols en 1859 au Maroc, le maréchal Bugeaud en 1844 dans le même pays, le général Dodds en 1892 au Dahomey, le général Duchesne à Madagascar, les généraux anglais Wolseley, Graham, Stewart, Kitchener ne recherchèrent jamais l'emplacement proprement dit des masses ennemies.

SERVICE DE SURETÉ

La cavalerie, pendant la marche et avant le combat, ne peut remplir qu'un rôle de sûreté. Elle doit éventer les embuscades et assurer au carré une zone de sécurité d'environ 1.500 mètres dans toutes les directions. Il suffit, pour cela, de quelques cavaliers choisis et parfaitement montés. C'est ainsi que, pendant la campagne du Portugal. des gentlemen, montés sur des chevaux de choix, renseignaient le général Wellington sur les mouvements de l'armée de Masséna ; le fait est rapporté dans les Mémoires du général Thiebault, qui faisait partie de cette armée.

Nous avons désigné les cavaliers chargés de ce service sous le nom de « signaleurs » et défini les conditions dans lesquelles ils doivent remplir leur mission.

PENDANT LE COMBAT

Dès que le feu de l'infanterie et celui de l'artillerie ont causé des brèches dans la masse ennemie, et ont ainsi rompu sa cohésion et son élan, la cavalerie peut seule, par son action en formation compacte, compléter le succès et, quelquefois, détruire l'ennemi en fuite.

Le carré ne doit se rompre pour achever la défaite que dans le cas où il s'agit d'enlever un camp, comme à la bataille d'Isly. Il serait imprudent de vouloir, à l'aide de l'infanterie, poursuivre à la course les fantassins irréguliers. Ces derniers, en effet, sont d'une agilité extraordinaire ; en outre, s'ils se découragent rapidement lorsqu'ils ont subi en peu de temps des pertes énormes, ils reprennent facilement tout leur courage quand leurs instincts guerriers et le sentiment des causes de leurs faiblesses leur font espérer une revanche. Ils réussissent alors, par des retours offensifs aussi soudains qu'inattendus, à transformer leur échec en un succès partiel ou complet. C'est ainsi qu'au combat livré près de Tamaï, le 13 mars 1884, un carré formé par la 2ᵉ brigade du général Davĩd, après un succès, fut complètement défait, perdit son artillerie et ne dut son salut qu'au carré de la 1ʳᵉ brigade du général Buller, qui se trouvait en échelon derrière la 2ᵉ brigade.

La cavalerie est seule apte à compléter le désarroi causé par le feu de l'infanterie. Mais elle ne doit pas perdre de vue qu'elle est, toujours et quand même, inférieure à son adversaire même battu. Elle doit balayer le terrain en tous sens au moyen de conversions « en bataille » et de charges par escadrons échelonnés, tant que les masses ennemies ne sont pas complètement émiettées. C'est alors seulement qu'elle peut risquer la chasse « en fourrageurs », en se faisant flanquer par des patrouilles de surveillance, et en restant, autant que possible, sous la protection du feu de l'infanterie.

Les irréguliers, fantassins ou cavaliers, sont presque insaisissables, en raison de la vélocité de leur fuite et de l'avantage qu'ils ont de pouvoir se disperser aux quatre coins de l'horizon sans compromettre, pour cela, leur réunion ultérieure. Ils sont chez eux et, quel que soit le lieu où ils se retirent, ils ont toujours le pied sur le sol natal. Par ce contact, leur moral, après une défaite, est toujours retrempé, tandis qu'un soldat régulier, égaré dans ces pays inhospitaliers et souvent désertiques, est un homme perdu.

MISSIONS DIVERSES

En dehors de sa mission en marche et au combat, la cavalerie est encore utilisée pour l'évacuation rapide des malades et des blessés, pour le réapprovisionnement partiel de la colonne, pour aller à la rencontre d'un convoi faiblement escorté, pour rechercher une piste momentanément perdue, ou un point d'eau, pour veiller sur les conducteurs du convoi au début du combat, pour rattraper des animaux échappés, pour transporter rapidement en croupe un groupe de fantassins, et enfin pour remplir toutes les missions qui demandent de la rapidité dans un rayon trop étendu pour que le fantassin puisse s'y rendre.

CAVALIERS AUXILIAIRES

Lorsque la colonne dispose de cavaliers auxiliaires, il n'y a aucun inconvénient à les envoyer en exploration jusqu'à 3 et même 5 kilomètres vers la direction dangereuse. La force morale et matérielle de la troupe régulière ne peut, en rien, être affectée par un échec qu'ils viendraient à subir.

Il peut être avantageux de s'en servir comme appât pour entraîner l'ennemi à leur poursuite jusqu'en vue du carré. Mais les auxiliaires seront prévenus qu'ils ne doivent jamais masquer la face du carré vers laquelle se dirige l'ennemi, et que, dans le cas où ils la masqueraient, le feu serait ouvert quand même, dût-on les décimer pour arrêter l'ennemi.

Toutes les fois que la cavalerie auxiliaire ne sera pas renfermée dans le carré, elle sera envoyée à une distance des « signaleurs » égale à celle qui sépare les « signaleurs » de la troupe, afin que ces derniers ne soient pas gênés dans leur mission.

CHAPITRE VII

Emploi de l'artillerie.

Dans les colonnes comprenant plus de 100 hommes, l'artillerie est aussi indispensable que la cavalerie. Si l'ennemi est nombreux, la quantité de canons a son importance ; dans les petits détachements, la mobilité des pièces doit être préférée à leur nombre et à leur puissance.

Ici, comme ailleurs, le rôle de l'artillerie consiste à préparer le travail de l'infanterie et à disloquer l'attaque ennemie avant qu'elle n'arrive à 400 mètres, c'est-à-dire à portée efficace du feu de l'infanterie. En outre, le tonnerre de ses détonations ranime le courage et entretient l'ardeur de la troupe, qui se sent ainsi soutenue.

Le mode d'emploi de l'artillerie variera suivant que le chef de la troupe voudra tenir l'ennemi éloigné après un échec superficiel ou lui infliger un désastre qui le mette dans l'impossibilité de recommencer la lutte, et ce sera généralement le cas.

Un coup de canon, tiré malencontreusement à longue distance sur des troupes irrégulières, peut les décourager, les faire renoncer à l'attaque, les détourner de l'assaut à fond qui, en les amenant sur l'infanterie, permettraît de les décimer par un feu ajusté après avoir repoussé leur assaut. Le tir à mitraille, exécuté à bout portant, est terrifiant pour les masses compactes irrégulières et cause dans leurs rangs des trouées sanglantes.

Pendant le combat, l'artillerie du carré sert à compenser la faiblesse relative des angles qui, étant les moins fournis de feux, sont de préférence assaillis par les irréguliers ; elle fouille le terrain et détruit les obstacles derrière lesquels l'ennemi se serait massé pour préparer l'attaque.

Si la colonne forme plusieurs carrés, la présence de l'artillerie, qui peut assurer leur flanquement mutuel, permet de les espacer largement.

Si l'occasion se présente, comme pour les Anglais à Abu-Kru, une partie de l'artillerie, avec le convoi et les impedimenta, peut occuper un emplacement retranché, d'où elle prendra part au combat que le carré livrera à portée du feu de ses pièces.

Malgré tous les avantages que procure une artillerie mobile et manœuvrière, il ne faut pas hésiter à s'en séparer, au moins en partie, si elle doit alourdir la colonne qu'elle est destinée à renforcer. La mobilité d'une troupe opérant contre les irréguliers est une de ses qualités primordiales et, lorsqu'elle n'est pas alourdie par des impedimenta hors de proportion avec son effectif, l'infanterie peut toujours se suffire à elle-même.

CHAPITRE VIII

Carré de convoi et échelon de manœuvre. Zéribas et camps provisoires.

Certaines combinaisons permettent de débarrasser le carré qui livre un combat du souci et de l'encombrement que lui causent ses convois. La présence de ces derniers au milieu du carré est un obstacle aux mouvements des troupes combattantes ; les cris des animaux effrayés par le bruit des commandements et des détonations, auxquels viennent s'ajouter les clameurs de la charge ou de l'assaut, gênent la transmission des ordres ; les animaux qui s'échappent rompent, en s'enfuyant, une partie des rangs d'une face.

Pour remédier à ces inconvénients, il est quelquefois d'usage, en Algérie, ainsi d'ailleurs que l'a fait le général Mac-Neill au combat de Tofrik, de placer la plus grande partie du convoi sous la garde d'un carré constitué avec une partie de l'effectif. La colonne, allégée de ses impedimenta, forme alors un autre carré appelé « échelon de manœuvre », parce qu'il est particulièrement destiné à combattre.

Si cette répartition des forces est adoptée, l'effectif nécessaire à l'encadrement du convoi doit être tel qu'aucun effort de l'ennemi ne puisse l'atteindre avant que l'échelon de manœuvre ne l'ait secouru. Une troupe sans convoi, dans ces régions, est une troupe neutralisée, et il est préférable de voir un « échelon de manœuvre » battu que le « carré du convoi » détruit et le convoi enlevé. Cette disposition est donc dangereuse lorsqu'une attaque de choc en masse est à redouter. Il serait alors préférable, dans le but d'alléger le carré avant le combat, de choisir un emplacement permettant un bon emploi des armes à feu, de l'organiser défensivement et d'y déposer le convoi avec son escorte avant le combat. Cette escorte, composée des malingres et éclopés, avec une partie de l'artillerie, suffira pour le protéger ; elle concourra, en outre, au combat que livre l'échelon de manœuvre en prenant, si possible, l'ennemi entre deux feux.

Par ses travaux de défense, le camp, ou *zériba*, ainsi constitué, doit être considéré comme remplaçant un carré qui protégerait le convoi de l'échelon de manœuvre ; il fait partie intégrante de la colonne et a le seul avantage de ne prélever que l'effectif strictement indispensable pour la protection du convoi. Cette combinaison sera avantageuse lorsque la colonne aura à traîner un convoi si considérable qu'elle peut avec peine le renfermer dans l'intérieur du carré, ou lorsque les bêtes de somme et leurs conducteurs, peu dressés et peu aguerris, font craindre une débandade à l'ouverture du feu. Mais, en principe, un seul carré, constitué avec prévoyance et au moyen d'éléments disciplinés et bien organisés, sera toujours préférable.

IIIᴱ PARTIE

TACTIQUE DES PETITS DÉTACHEMENTS

CHAPITRE PREMIER

Petits détachements en marche.

Nous avons appelé, dans le chapitre III de la IIe partie (page 60), « grande unité » toute colonne composée de troupes des trois armes et ayant un effectif minimum de 800 à 1.000 fantassins, 50 à 100 cavaliers et une section d'artillerie. Les détachements ne comprenant que 50 à 800 fantassins et plus ou moins pourvus de cavalerie et d'artillerie sont des « petits détachements ». Si leur effectif est inférieur à 50 fantassins, les détachements ne peuvent exécuter des manœuvres tactiques ; ils opèrent, en marche et en station, comme des fractions d'avant-postes ou adoptent la tactique des guerillas espagnoles ou vendéennes ; ils ont recours à des expédients tout en s'inspirant des principes généraux de la tactique des petites unités. Nous prendrons, pour cette étude, un détachement composé de 150 fantassins, 40 cavaliers et une section d'artillerie de montagne.

Les chiffres que nous donnons n'ont pour but que de permettre d'exposer les combinaisons relatives à la marche, au stationnement et au combat ; ils sont basés sur les effectifs des colonnes organisées le plus souvent dans les opérations coloniales, lorsque les forces dont dispose l'ennemi sont comprises entre 600 et 1.500 cavaliers, appuyés par 50 à 200 fantassins armés en partie de fusils à tir rapide et en majeure partie de lances et de sabres.

ORGANISATION DE LA MARCHE

Lorsque le chef du détachement est orienté sur la situation, la mission à remplir et les moyens d'atteindre le but qui lui est fixé, il organise son détachement, se procure des guides, assure la vie matérielle et la liberté de mouvement de sa colonne en se tenant toujours prêt à parer et à riposter en cas d'attaque.

Il s'assure que les armes sont en bon état, que leur mécanisme à répétition fonctionne parfaitement et que les magasins sont approvisionnés. A Abu-Kléa, le fonctionnement défectueux du canon-revolver et d'une partie des fusils fut une des causes de l'échec subi par le carré du général Stewart ; au moment de la charge madhiste, des soldats, pris de désespoir, jetèrent leurs armes, dont le mécanisme était défectueux, et se trouvèrent ainsi moins armés que leurs agresseurs, pourvus seulement de lances rudimentaires. Pour habituer les soldats au tir à répétition, mode de feu habituel contre une charge de cavalerie, il est prudent de faire approvisionner et désapprovisionner les armes plusieurs fois de suite lorsque la colonne arrive à l'étape.

Les soldats, surtout les indigènes, suspendent des musettes ou autres objets à leur fusil ; ils portent souvent les armes en bandoulière, la bretelle très serrée, se mettant ainsi dans le cas de ne pouvoir les prendre rapidement pour faire feu. Il appartient au chef et à tous les gradés de dresser leurs hommes pour faire disparaître ces négligences qui peuvent avoir des conséquences graves ; une faible colonne, en cas de surprise par un ennemi qui apparaît à 400 mètres au galop de charge, ne dispose que d'une minute pour prendre ses dispositions et tirer. C'est en veillant aux moindres détails que l'on obtient la perfection, et les petits détachements doivent suppléer, par la perfection de leur organisation, à la faiblesse de leur effectif et de leurs moyens de défense.

Le convoi, malheureusement indispensable dans ces régions, est le plus grand embarras, la plus grande cause de faiblesse. Les faces d'un carré de 150 fantassins n'ont que 40 mètres de longueur ; si quelques animaux bousculent et renversent, en s'échappant au moment d'une attaque, une dizaine de soldats, ils font une brèche égale au quart de la longueur de la face. Le choix méticuleux des animaux et des conducteurs, l'observation rigoureuse de l'ordre et du silence pendant la marche sont indispensables. Si ces conditions sont remplies, les ordres des chefs seront mieux compris lorsque, en cas d'attaque, leurs voix s'élèveront au-dessus d'une masse d'hommes et d'animaux silencieux ; en outre, si les animaux ne sont pas, à tout propos, effrayés par le bruit et par les cris, ils finissent par suivre la troupe machinalement et à une allure uniforme.

Le chef doit enfin veiller constamment sur l'état physique et moral de ses hommes, et ne pas leur demander des efforts qu'ils ne peuvent produire. Pendant la marche, il se rendra compte de la fatigue, de la souffrance. Les corps cheminant sans raideur, les traits du visage détendus, le sourire qui répond à une interpellation bienveillante sont des indices d'un moral soutenu. Mais lorsque le corps se penche de plus en plus vers la terre, lorsque le visage s'allonge et se crispe, que la voix s'enroue, qu'une parole enjouée ne trouve aucun écho, que l'œil du soldat prend, en dévisageant son chef, une fixité étrange, une expression suppliante et non affectueuse, lorsque surtout ces symptômes sont constatés sur le visage des soldats ordinairement dévoués et disciplinés, alors, le chef doit être convaincu qu'il a atteint la limite de ce qu'il a le droit d'exiger. S'il ne veut pas courir au-devant d'un désastre, il doit chercher alors à soulager ses hommes par tous les moyens possibles.

Lorsqu'une troupe disciplinée chemine en désordre, une vitesse trop grande ou une marche trop longue en sont la cause. L'effet d'une marche longue et pénible a une influence énorme sur le moral de certains soldats, surtout des plus disciplinés, qui marchent jusqu'au moment où ils tombent d'épuisement. C'est à tel point qu'ils accepteraient presque avec soulagement la mort qui les délivrerait de cette souffrance. Aussi, le chef doit-il toujours avoir en vue que le combat peut se produire à chaque instant et qu'il doit le livrer avec des hommes forts au physique comme au moral. Il faut toujours être prêt.

Un chef de cavalerie entreprenant n'allèguera jamais la fatigue de ses chevaux lorsqu'il recevra une mission, même si elle lui paraît sans intérêt ou devoir incomber plus spécialement à l'infanterie. En tout cas, il est bon de rappeler à tous, fantassins ou cavaliers, qu'une fois en route et à la recherche de l'ennemi, hommes et chevaux ne doivent pas être ménagés, s'il est nécessaire, à un moment donné, de se dépenser pour atteindre et étreindre l'adversaire. Quand l'ennemi est en vue, une seule et unique préoccupation doit dominer toutes les autres : l'atteindre et le détruire définitivement. Les demi-succès coûtent plus cher en hommes et en fatigues qu'un succès définitif, quelques pertes ou fatigues qu'il puisse exiger sur l'heure.

En 1886, une bande de pirates, commandée par Bo-Giap, était cernée dans un îlot près de Tien-Dong, dans la province de Hung-Hoa. Une partie seulement pouvait s'enfuir par l'aval de la rivière au moyen de paniers et de jonques qu'elle avait en sa possession. L'enlèvement de cet îlot nous eût coûté peut-être une centaine de morts et de blessés. Pour des raisons politiques, le chef de la colonne française ne voulut pas risquer ces pertes, d'ailleurs problématiques, et le résultat fut tel qu'on devait l'attendre. Après avoir supporté pendant deux jours notre canonnade et notre tiraillerie à grande distance, la bande s'échappa par l'aval de la rivière. Il fallut ensuite plus de deux années pour la détruire en détail à Ba-Khé, à Vuc-Thuan, à Déo-Hat, à Van-Ban, au Gnoi-Pha, et ce ne fut pas sans supporter des pertes très sensibles et des fatigues énormes qui décimèrent nos troupes, et nous ont donné, à nous personnellement, une leçon inoubliable.

Mais cela ne veut pas dire qu'il faut, mal à propos, surmener sa troupe !

FORMATIONS CARRÉES

Les formations carrées qui ont été examinées au chapitre Ier de la IIe partie (page 42) concernent les grandes unités. Les petits détachements pourraient les utiliser si leur effectif permettait d'encadrer le convoi dans un carré parfaitement étanche, avec des fantassins marchant « par deux ».

Lorsque les faces d'un carré ont de 100 à 400 mètres d'étendue, une ouverture de 10 ou 15 mètres présente peu d'inconvénients, puisqu'il reste encore suffisamment de fusils pour battre la brèche et la combler. Mais il n'en est pas de même lorsque cette même ouverture se produit dans une face ne comprenant que 40 à 100 fusils, ainsi que l'indiquent les figures 34, 35, 36, 37 et 38.

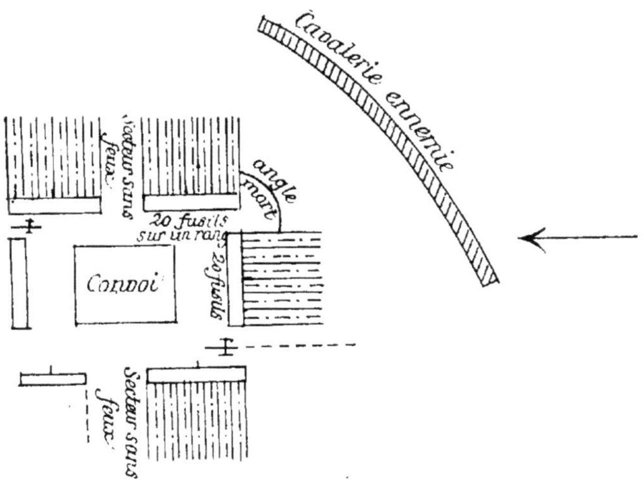

Fig. 34.

Carré de petit détachement présentant des fissures.
(20 à 30 fusils sur chaque face.) Attaque sur une face.

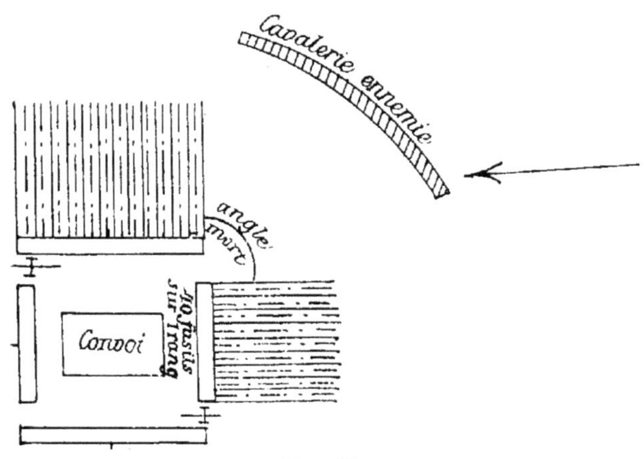

Fig. 35.

Carré de petit détachement présentant des fissures.
(40 fusils sur un rang dans chaque face.) Attaque d'un saillant.

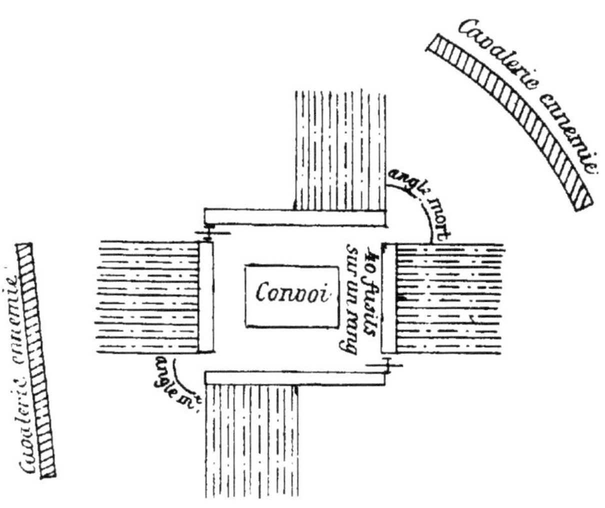

Fig. 36.
Carré de petit détachement présentant des fissures.
(40 fusils sur chaque face.) Attaque simultanée d'une face et d'un saillant.

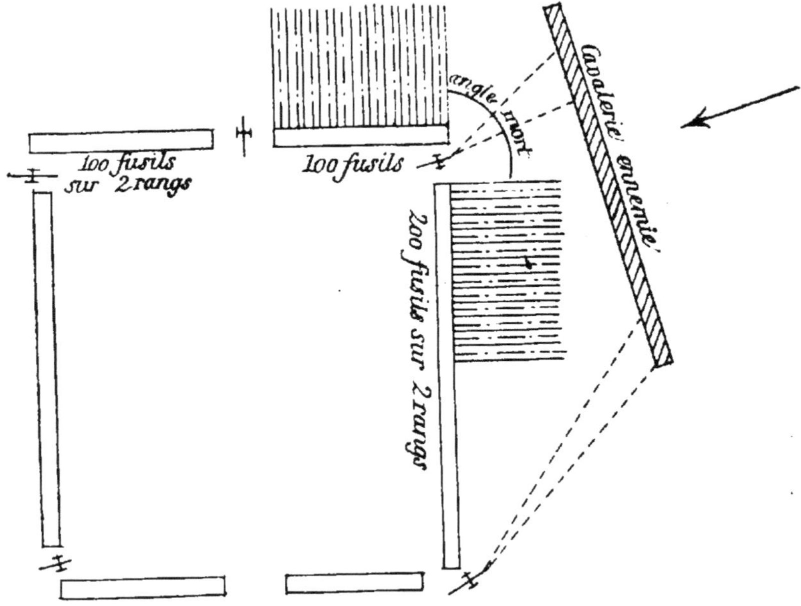

Fig. 37.
Grand carré ayant 200 fusils sur chaque face et présentant les mêmes fissures que le carré de la figure 34.

Les secteurs sans feux et les angles morts peuvent être battus par l'artillerie si l'on a suffisamment de pièces, et ce n'est pas le cas, généralement, pour les

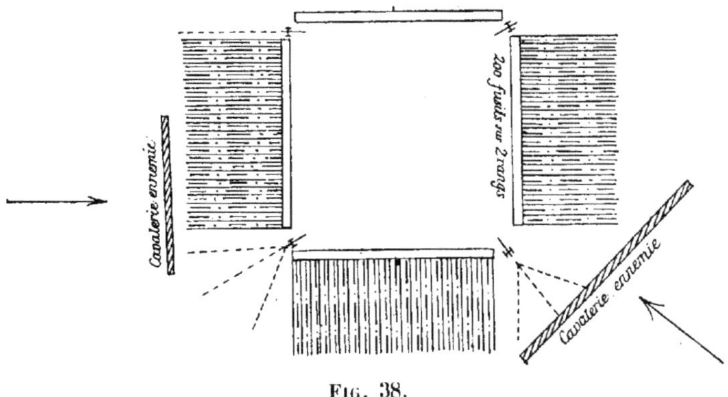

Fig. 38.

Grand carré présentant les mêmes fissures que le carré de la figure 36. (200 fusils sur chaque face.)

petits détachements qui, en constituant un carré, ne peuvent parer aux dangers que présentent ces ouvertures dans leurs faces, composées de 30 à 40 fusils. En outre, le feu de faces aussi peu nourries ne pourra produire que des effets peu sensibles sur un ennemi qui sera souvent dix fois supérieur en nombre ; les pertes infligées n'auront jamais ce caractère d'instantanéité qui, plus que tout autre élément, est capable de disloquer l'attaque avant qu'elle n'arrive sur la face elle-même.

Les petits détachements emploieront donc les formations carrées comme les grandes unités, mais avec les modifications que nécessiteront leurs faibles effectifs.

Les irréguliers ne disposant exceptionnellement, comme artillerie, que de quelques mauvaises pièces se chargeant par la bouche et faisant plus de bruit que de mal, l'artillerie de ces petits détachements n'a pas, à proprement parler, à combattre celle de l'ennemi. Son rôle se borne à détruire les ouvrages défensifs, à faciliter la tâche de l'infanterie en disloquant les masses qui se ruent à l'assaut des faces, et à compléter leur déroute par un tir à longue portée. Il n'est donc pas nécessaire, étant donné le peu de surface du carré, que les pièces soient groupées ; elles seront placées aux angles de la formation, ou en tout autre point où leur concours sera utile.

Si la cavalerie ennemie est supérieure en nombre à l'effectif du carré, son attaque prend généralement la forme d'un croissant, sur plusieurs rangs en bataille ou en bloc compact. Si elle est dirigée sur une des faces latérales ou sur la face arrière, les pièces d'artillerie placées aux angles et les fantassins d'une partie des faces voisines de la face attaquée pourront toujours intervenir. Mais, soit par instinct guerrier, soit par suite d'une expérience devenue règle par imitation routinière, cette attaque est presque toujours dirigée contre un saillant. Bien que ce point faible du carré paraisse dépourvu de feux, il

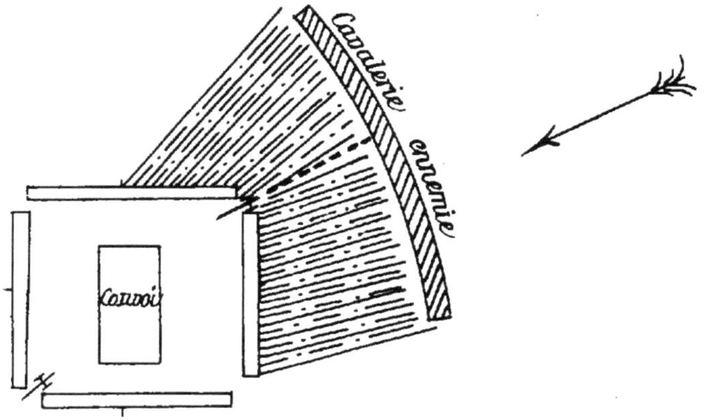

Fig. 39.

peut cependant être rendu suffisamment meurtrier par le tir d'une pièce d'artillerie placée à l'angle et les feux obliques des faces adjacentes (fig. 39). Il serait toutefois téméraire de compter sur ces feux obliques. Au moment d'une charge soudaine et impétueuse, le soldat, en effet, tirera presque toujours droit devant lui, sur les adversaires qui se présenteront en face.

Si son attaque échoue sur une des faces, l'assaillant n'hésite généralement pas à se ruer, même sous le feu, sur la face voisine ou sur la face et l'angle opposés.

Lorsque le terrain ne lui permet pas de déployer toutes ses forces, ou lorsqu'il juge qu'une face est plus particulièrement faible, sa formation d'attaque revêt plus ou moins parfaitement la disposition d' « en échelons » employée par la cavalerie régulière pour produire une brèche.

MARCHE EN FORMATION CARRÉE

Dans la région des hauts plateaux algériens, la plupart des petits détachements adoptent, pour la marche, la formation en carré parfait et rigide ; les faces avant et arrière sont en ligne déployée ; les faces latérales sont en colonne par deux ou par quatre ; le convoi est au centre.

Mais, dans les régions avoisinant le Sahara et le Niger, qui sont couvertes de bois de mimosas, de lataniers nains, de brousse épineuse et présentent des ondulations fréquentes causées par des dunes de sable assez prononcées, la marche en carré rigide est très pénible et très lente, même pour des carrés n'ayant que 40 mètres de côté. Les soldats faisant partie des faces avant et arrière ont à regarder, à chaque instant, où ils posent le pied. L'inégalité du sol oblige les hommes qui parcourent les parties planes à attendre ceux qui sont retardés par les plantes épineuses, les rochers, petits tumuli, excavations, arbustes, termitières, etc. ; sans cette précaution, le carré se disloquerait.

Les hommes de la face arrière, dans ces régions arides et sablonneuses, respirent un air saturé de sable et de poussière soulevés par la face avant et par tout le convoi ; pour y remédier et éviter le ralentissement, les faces avant et arrière sont, parfois, formées « par sections par quatre ou par deux ». Cette disposition a l'inconvénient de présenter des fissures pour la formation de combat (fig. 40, 41 et 42).

La formation indiquée par la figure 40 présente trois fissures ; comme l'on ne dispose que de deux pièces, il est impossible de parer au danger pour l'une d'entre elles.

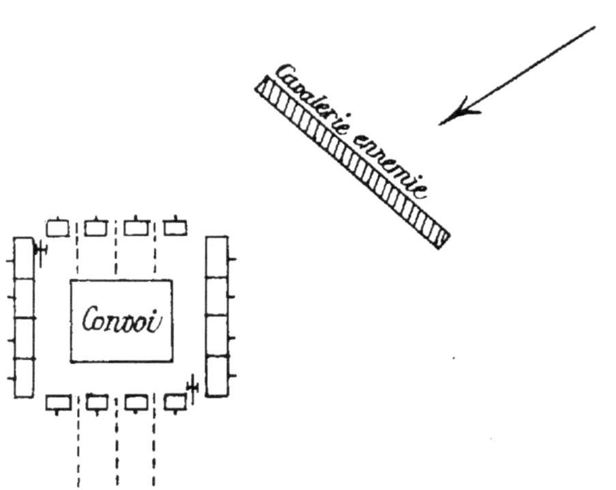

Fig. 40.

Si le nombre des bêtes de somme est assez réduit pour tenir dans l'intérieur du carré lorsqu'on fait marcher les têtes des sections de la face avant à hauteur des faces latérales, le nombre des fissures peut être réduit à deux (fig. 41) ou même supprimé (fig. 42).

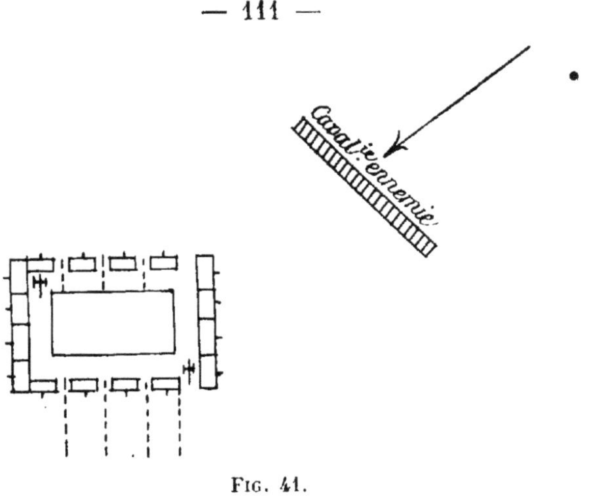

FIG. 41.

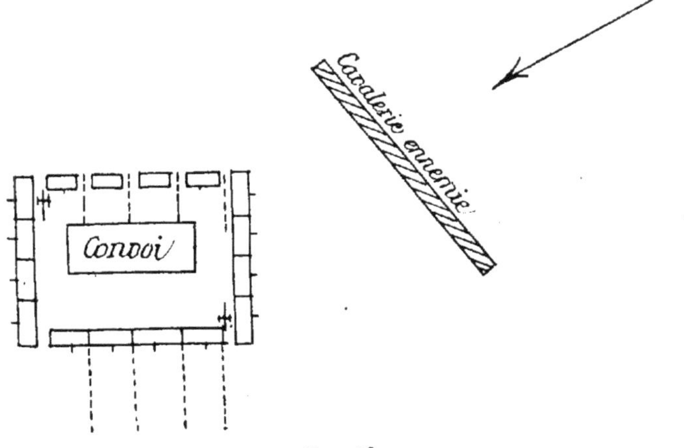

FIG. 42.

La disposition indiquée par la figure 42 ne peut être prise que si le convoi est peu nombreux, et ce sera bien rare. Le convoi transporte non seulement les vivres, les munitions, les bagages, mais, souvent encore, l'eau nécessaire aux hommes et aux animaux pendant plusieurs jours, les malades, les éclopés, les blessés et aussi les morts que la colonne préserve ainsi de toute mutilation et auxquels elle donnera, près d'un poste français, une sépulture digne d'eux.

En outre, la face arrière a toujours la poussière ; les fractions des faces avant et arrière ne peuvent avoir l'allure aussi rapide que celles des faces latérales et les hommes de la face avant encombrent alors l'intérieur du carré.

FORMATION EN LIGNES PARALLÈLES

Le dispositif donné par les figures 43 et 44 est de beaucoup préférable ; il s'adapte mieux à tous les terrains et offre peu de prise au feu adverse. Le carré ne présente pendant la marche que deux lignes parallèles sur les faces latérales. Sur les faces avant et arrière se trouvent les servants des pièces, et, lorsque les faces sont formées par des fractions marchant « par deux », les huit hommes qui forment les têtes des quatre fractions marchent en colonne. Il y aura, en outre, en queue du convoi, pour surveiller les conducteurs et les aider à recharger les animaux, les quelques hommes qui forment l'escorte du convoi.

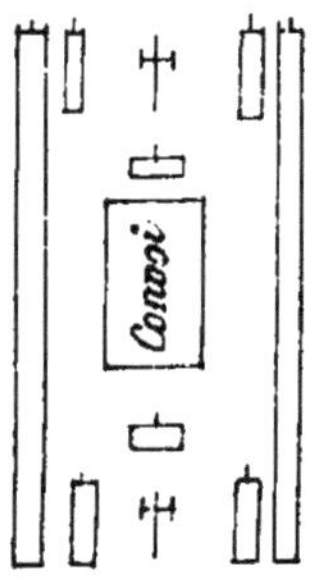

Fig. 43.

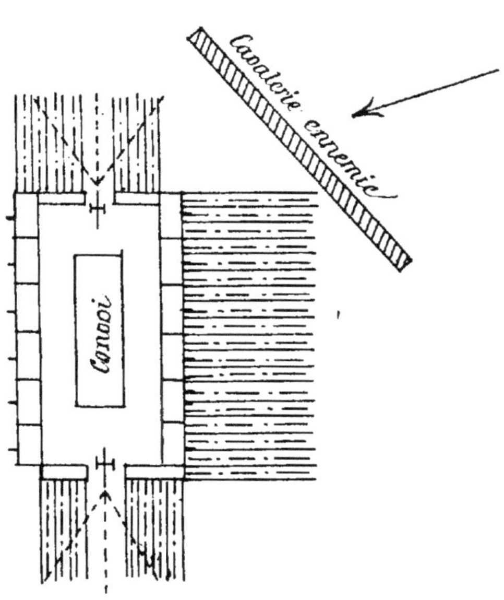

FIG. 44.

La faible vulnérabilité d'une formation aussi mince permet de négliger en partie les tirailleries ennemies tant qu'elles ne prennent pas l'intensité d'un combat. Les avantages qu'elle présentera toutes les fois qu'on ne pourra pas conserver la formation en carré, marchant en ordre de combat avec toutes ses faces déployées, lui feront donner la préférence.

Nous donnons ci-après les détails de son organisation pour une compagnie.

La compagnie forme quatre sections de 36 hommes environ ; chaque section, trois escouades de 12 hommes. Les deux pelotons de la compagnie marcheront par un, leurs têtes à la même hauteur et séparées par un intervalle égal au front de deux escouades plus 6 mètres (fig. 45). Ces 6 mètres seront réservés aux deux pièces d'artillerie de tête et de queue qui y prendront place ; la pièce de tête ayant ses servants derrière elle, celle de queue les ayant en avant d'elle.

Le premier peloton formera la face latérale droite, le second la face gauche du carré. Dans chaque peloton, une escouade de la section de tête et une de la section de queue marcheront « par un » à côté de la tête et de la queue du peloton et à l'intérieur du carré.

Le lieutenant commandera la face droite ; le sous-lieutenant la face gauche ; l'adjudant la face arrière ; le sergent-major la face avant.

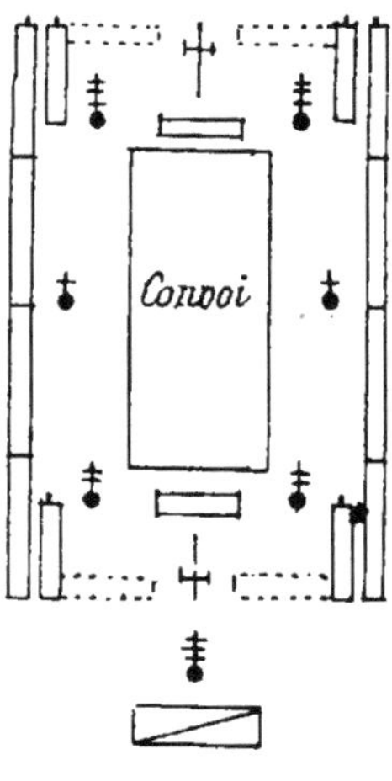

Fig. 45.

Formation de marche en « lignes parallèles ».

La cavalerie en arrière et en dehors du carré, à 50 mètres derrière la pièce d'artillerie.

Le convoi au centre ; son chef et son escorte en arrière de lui.

Tous les gradés à l'intérieur, sauf ceux de la cavalerie qui sont auprès de leurs cavaliers, en dehors du carré.

Le commandant et le capitaine, en tête de la formation. Deux clairons et le fourrier près du commandant. Cinq hommes ou gradés sont aux ordres du commandant du convoi.

Dès que l'ennemi apparaît, les chefs des faces, du convoi et de l'artillerie prennent la formation de combat (fig. 46), même si le commandant du détachement n'a pas encore eu le temps de la prescrire, et ils donnent leurs ordres à très haute voix, afin que le chef soit prévenu. Dès que les chefs des autres fractions entendent les commandements, ils prennent leurs dispositions comme si le chef du détachement avait ordonné : « Formez le carré. »

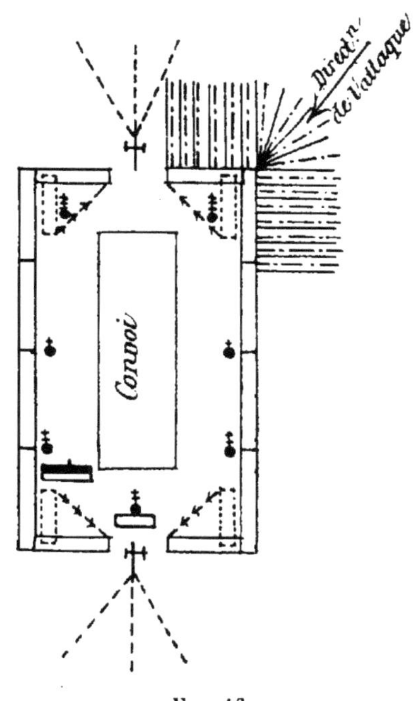

Fig. 46.

Formation de combat du carré en « lignes parallèles ».

Les chefs des faces latérales commandent : « Face à droite (gauche) ; feu à répétition, etc. » Celui de la face avant : « Vers la droite (gauche) en ligne ; feu à répétition, etc. » Celui de la face arrière : « Face en arrière, vers la droite (gauche) en ligne ; feu à répétition, etc. »

L'artillerie met en batterie ; l'officier reste près de la pièce de la face arrière, sauf nécessité d'agir autrement.

La cavalerie rentre sans précipitation dans le carré par l'ouverture de la face arrière. Pendant le combat, son chef la tiendra à cheval, prête à charger dès que l'ordre lui en sera donné, ou à sabrer, de sa propre initiative, tous les assaillants qui auraient fait brèche et pénétré dans l'intérieur.

Les animaux entravés doivent avoir, autant que possible, la tête dirigée vers l'intérieur et le dos tourné à la charge. Le lieutenant chef du convoi pourra utiliser ses hommes pour combler les fissures que le carré présenterait.

Deux clairons et le fourrier de la compagnie restent auprès du commandant, qui a, en outre, comme plantons, auprès de lui, un trompette et un cavalier d'élite parlant français.

Pour être garanti contre toute surprise pendant la marche, le carré doit toujours avoir la possibilité de disposer d'une minute pour se préparer à recevoir le choc. Il doit, également, éviter de passer à moins de 400 mètres des points qui peuvent masquer un groupe de cavaliers ; nous donnons (fig. 47 et 48) deux exemples de changements d'itinéraires basés sur cette dernière précaution.

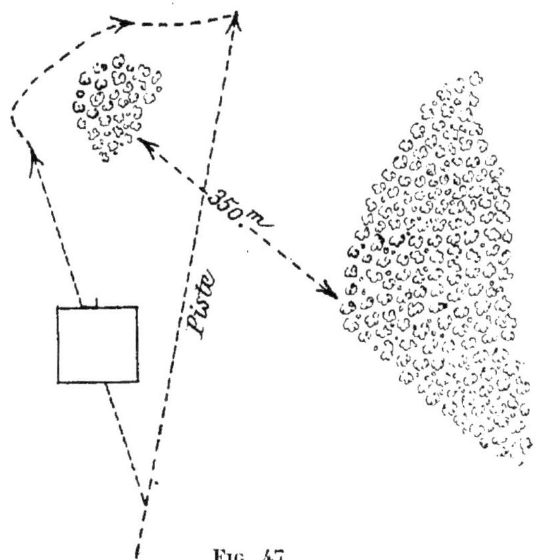

Fig. 47.

Détachement abandonnant la piste afin d'éviter un bois suspect trop étendu pour pouvoir être fouillé sans ralentir la marche.

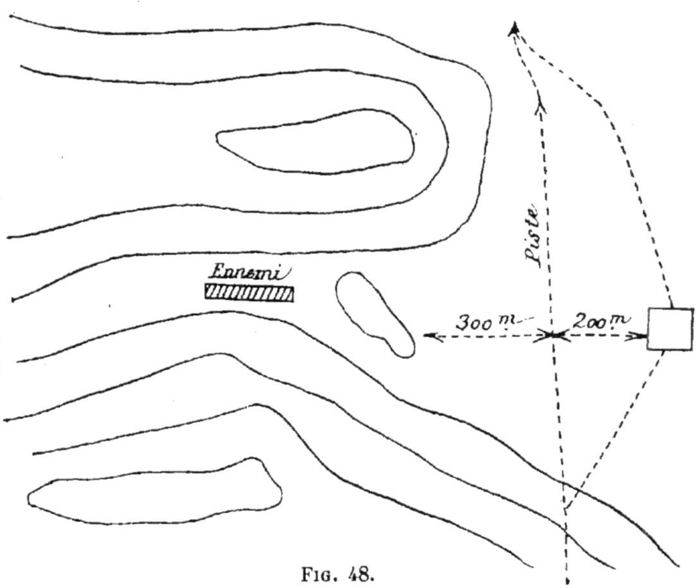

Fig. 48.

Détachement évitant une dépression avantageuse pour la cavalerie ennemie.

SERVICE DE SÉCURITÉ

Rôle des signaleurs. — Si le commandant, étant à cheval dans l'intérieur du carré, peut voir le terrain dans une zone de 600 mètres, la troupe, bien commandée et disciplinée, sera toujours en mesure de recevoir l'attaque sans avoir besoin d'un personnel avertisseur de la présence de l'ennemi.

Dans le cas contraire, la cavalerie doit assurer un service de sécurité. Ce service comprend : un gradé européen, maréchal des logis, qui prend le nom de « signaleur » ; un gradé indigène, brigadier de préférence, qui sert d'homme de communication entre le commandant du détachement et le « signaleur » ; un cavalier, appelé « transmetteur », qui a pour rôle de transmettre au commandant les renseignements recueillis par le « signaleur ». Tous trois doivent être montés d'une façon parfaite, avoir bons yeux et bonnes oreilles, être doués de sang-froid et de décision, et, si possible, avoir déjà assisté à des combats.

Le sous-officier « signaleur » reçoit du commandant du détachement les indications relatives à l'itinéraire, aux dunes ou ondulations dangereuses qu'il y a lieu d'explorer, et aux signaux qu'il devra employer pour signaler l'ennemi avant qu'il ait un minimum de 400 mètres à parcourir pour atteindre le carré par le choc.

Il n'a pas pour mission de fouiller personnellement les terrains suspects qui sont à plus de 600 mètres de l'itinéraire suivi ; il lui suffira de les observer avec sa jumelle ; il négligera ceux qui sont à plus de 800 mètres. Son attention se portera sur ceux entre 600 et 400 mètres. Il scrutera tout particulièrement les ondulations parallèles à la direction de la marche en y allant de sa personne, même si elles lui paraissent ne pas pouvoir cacher des hommes à cheval.

S'il aperçoit quelques cavaliers à plus de 600 mètres, il envoie aussitôt le « transmetteur » pour prévenir le commandant et reste en observation. Le renseignement ainsi transmis doit être très concis et en même temps précis : « Un, deux, dix, vingt... cavaliers, à plus de... mètres. » Inutile d'en dire plus long, car le « signaleur » doit donner le signal du danger et apporter lui-même l'avis de la présence de l'ennemi chaque fois qu'il verra même un seul cavalier à moins de 600 mètres du carré. On objectera peut-être que le carré sera souvent alarmé, surtout avec les Touareg, si le signaleur donne le signal du danger pour « un seul cavalier ». Mais il vaut mieux être trop prudent que tant soit peu

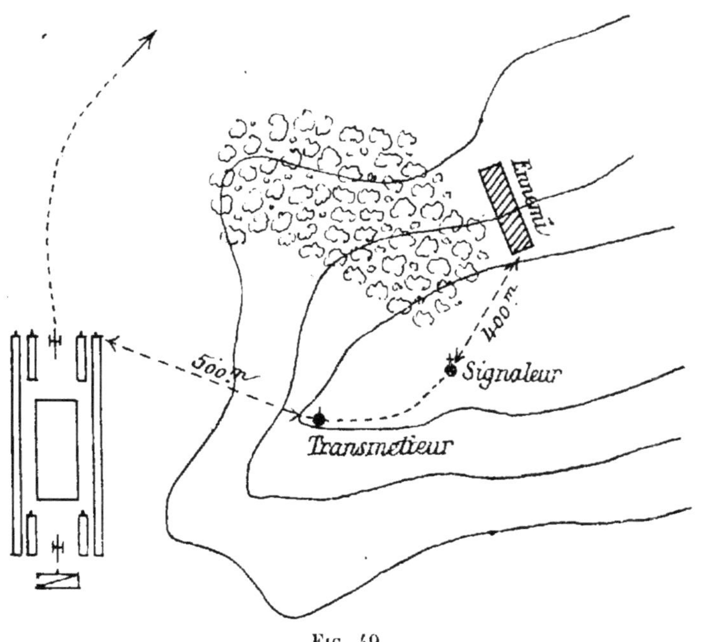

Fig. 49.

Service des signaleurs.

négligent. Et un cavalier ainsi aperçu précède trop souvent d'autres cavaliers pour que la troupe ne se tienne pas sur ses gardes et ne conserve pas la formation de combat tant que le danger n'a pas disparu.

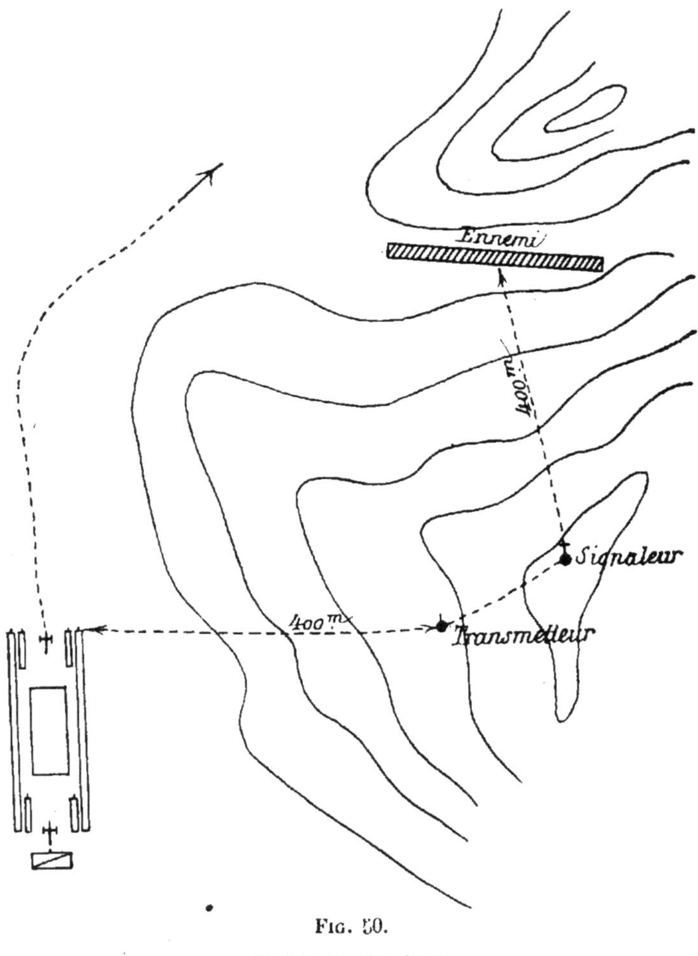

Fig. 50.

Service des signaleurs.

Si un groupe de 20 à 30 cavaliers se montre à 600 mètres, le « signaleur » donne le signal de l'attaque, envoie

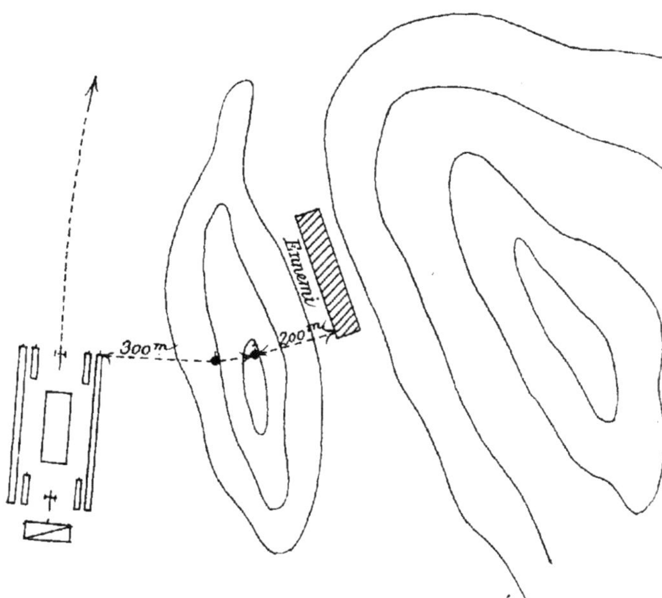

Fig. 51.
Service des signaleurs.

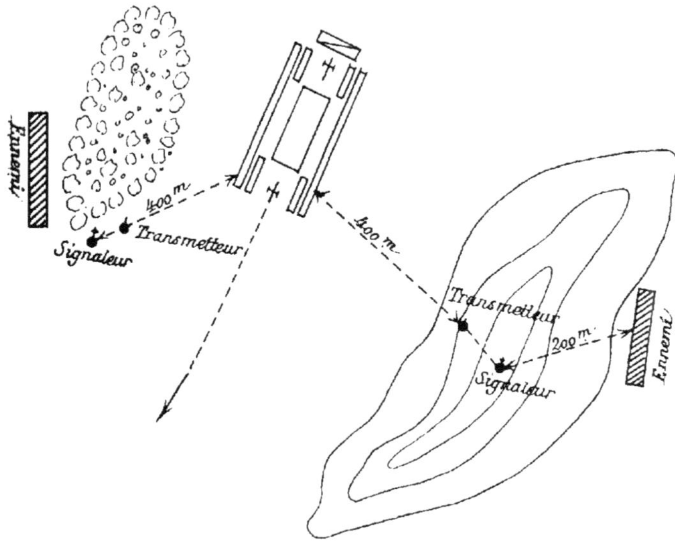

Fig. 52.
Service des signaleurs.

le transmetteur pour prévenir et continue à observer. Lorsque ce groupe, chargeant dans la direction du carré, arrive à 300 mètres de lui, il rejoint, de sa personne, le carré à l'allure la plus rapide, en se dirigeant vers la face qui n'est pas immédiatement menacée, de façon à ne pas gêner le tir de celles qui vont recevoir l'attaque. Lorsque l'ennemi le pressera de trop près et s'il se trouve dans l'impossibilité de contourner les faces menacées, il aura tout avantage à se diriger vers un des angles.

Dans le cas où, pour une cause quelconque, le signaleur, ayant l'ennemi à ses trousses, masquerait le feu du carré, les faces menacées ne doivent pas hésiter à tirer, même au risque de tuer le signaleur. Il ne peut être question d'humanité, lorsque le salut et l'honneur de la troupe sont en jeu.

Le transmetteur se tiendra à 30 ou 40 pas du signaleur, de façon à ne pas dévoiler la présence de ce dernier ; il sera d'ailleurs, ainsi, à même de rejoindre plus sûrement le carré, dans le cas où le signaleur serait tué. Toutes les fois qu'il est chargé d'apporter un renseignement au commandant du détachement, il doit, sa mission terminée, rejoindre sans retard le signaleur. Si le terrain présente deux ou plusieurs directions dangereuses (fig. 52), le même service fonctionne pour chacune de ces directions ; mais il ne faut cependant pas exagérer son emploi. C'est surtout par l'itinéraire que le chef doit assurer au carré l'espace de 400 à 600 mètres qui lui est nécessaire pour se préparer au combat

Emploi des cavaliers indigènes auxiliaires. — Si le détachement comprend des cavaliers indigènes, ils seront utilement employés pour éclairer le carré jusqu'à 1.000 mètres. Sous aucun prétexte, ils ne doivent cheminer à moins de 400 mètres du carré, parce que, par leur nature même, ils sont peu disciplinés et peuvent engendrer le désordre en se repliant vers le carré sous la poussée d'une charge ennemie qui les aurait surpris. Il faut, d'ailleurs, les prévenir que si, à l'apparition de l'ennemi, ils masquent le tir des faces, le feu sera ouvert quand même et sans aucune pitié ; c'est le seul moyen, et nous en avons fait personnellement l'expérience, d'être assuré que ces contingents improvisés ne causeront aucun désagrément à la colonne, car s'ils craignent les lances ennemies, ils redoutent encore plus le feu de nos fusils.

Le mode d'emploi de ces auxiliaires dépend de leurs mœurs, de leur dévouement plus ou moins éprouvé et de leurs aptitudes guerrières. Suivant la confiance qu'ils lui inspirent, le commandant du détachement peut s'en servir pour diminuer ou même supprimer entièrement le service des signaleurs ; il leur fixe simplement le but à atteindre et leur laisse le choix des moyens. Il serait toutefois prudent de donner la direction des contingents indigènes à un officier français et, de préférence, à un officier attaché au service des renseignements de la région qui les a fournis.

Ordinairement vigilants, les auxiliaires sont très aptes au service d'éclaireurs et leur extrême mobilité les rend insaisissables. S'ils veulent éviter le combat, ils s'échappent facilement par petits groupes, en tous sens, la proximité de leurs campements ou de leurs villages leur fournissant généralement un refuge. Se dispersant rapidement, ils se reforment assez vite pour se grouper derrière la face du carré opposée à celle qui reçoit l'attaque. Aussi, les irréguliers hésitent avant de les attaquer; ils savent qu'un échec qu'ils leur infligeront ne changera pas la situation et ne pèsera en rien sur les résolutions du commandant de la troupe régulière. Il ne faut donc pas craindre outre mesure d'exposer les auxiliaires indigènes aux coups des ennemis et leur utilisation pour compléter le service des signaleurs (fig. 53, 54 et 55) peut rendre de grands services.

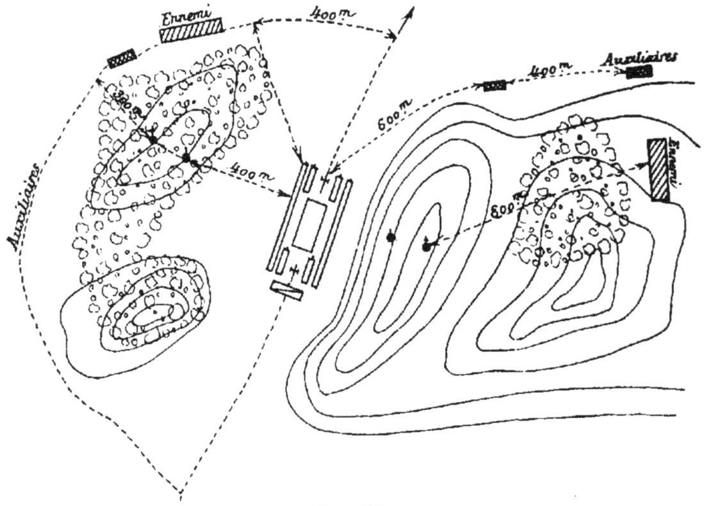

FIG. 53.

Service des signaleurs complété par des auxiliaires.

Lorsque des bois ou des accidents du sol cachent l'ennemi à la vue des signaleurs (fig. 53), les auxiliaires

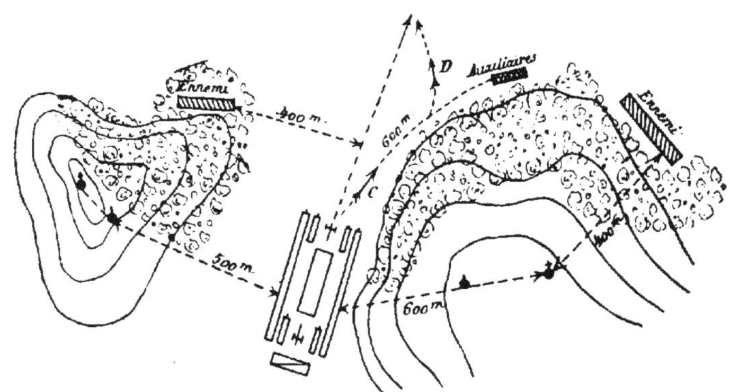

FIG. 54.

Service des signaleurs complété par un service *peu sûr* des auxiliaires.

peuvent le démasquer et renseigner assez à temps le commandant du détachement.

Dans l'hypothèse donnée par la figure 54, les auxiliaires négligent d'observer la présence de l'ennemi vers la gauche, alors que le terrain empêche le signaleur de l'apercevoir. En faisant faire au carré le crochet C D qu'ont suivi les auxiliaires partis vers la droite, le commandant du détachement peut mettre entre le carré et le bois où l'ennemi s'est dissimulé, une distance de 600 mètres qui lui assure l'espace et le temps nécessaires pour recevoir l'attaque si elle se produit.

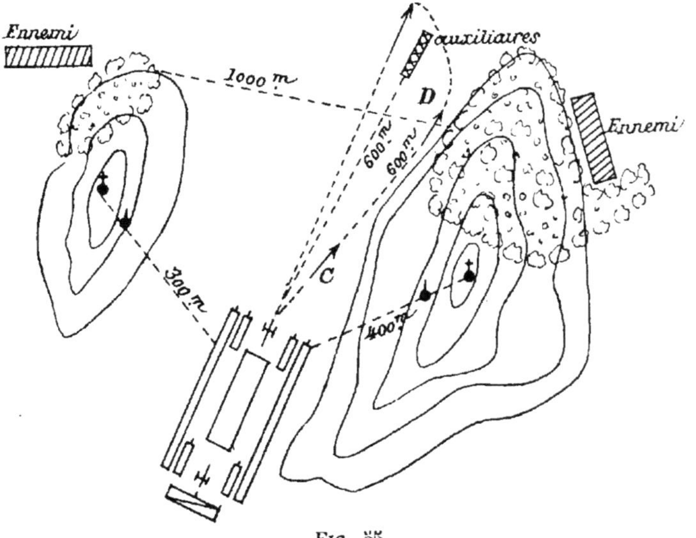

FIG. 55.

Service des signaleurs completé insuffisamment par des auxiliaires.

Dans la marche indiquée par la figure 55, les auxiliaires ne secondent pas suffisamment les signaleurs. Le signaleur de gauche voit seul et signale l'ennemi qui est embusqué de son côté ; le signaleur de droite ne voit pas l'ennemi qui est derrière le bois, au pied de la hauteur. Le commandant du détachement, afin d'éviter le danger qui lui a été signalé à gauche, appuie vers la droite, en C D ; il risque alors d'être surpris de ce côté.

MARCHE DANS LES TERRAINS COUVERTS ET BOISÉS

Si le carré traverse des terrains plats, couverts de lataniers nains, de mimosas, de brousse épaisse et d'ondulations se croisant en tous sens, qui bornent la vue à partir de 150 ou 200 mètres, la marche devient très pénible et très lente. Il est vrai que l'ennemi, et particulièrement sa cavalerie, rencontrera les mêmes difficultés et que son choc est moins à redouter que son feu ; tout au plus, étant données son extrême mobilité et la connaissance qu'il a du pays, pourra-t-il charger la colonne dans des clairières. La formation en « lignes parallèles », qui permet d'utiliser les passages les plus étroits sans ralentir la marche, tout en laissant au convoi le temps nécessaire pour suivre la colonne, sera conservée. Mais dans le cas où le fourré ne permettrait la marche de front que sur deux lignes « par un » ou « par deux », et empêcherait le convoi et l'artillerie de marcher à leur place entre les deux faces latérales, la formation doit subir quelques modifications (fig. 56). Le convoi, fractionné en deux, sera intercalé, en deux échelons, entre les sections de chacune des faces latérales. Entre ces deux échelons du convoi, marcheront les deux pièces d'artillerie, suivies de leurs servants et précédées d'une escouade de la section qui est en avant d'elles.

Dès que les obstacles ont disparu, le carré reprend la formation en « lignes parallèles » ; l'artillerie, la cavalerie reprennent leurs emplacements ; le convoi, poussé par la section de queue qui serre à sa distance, se groupe au centre. L'exécution des mouvements, pour passer de

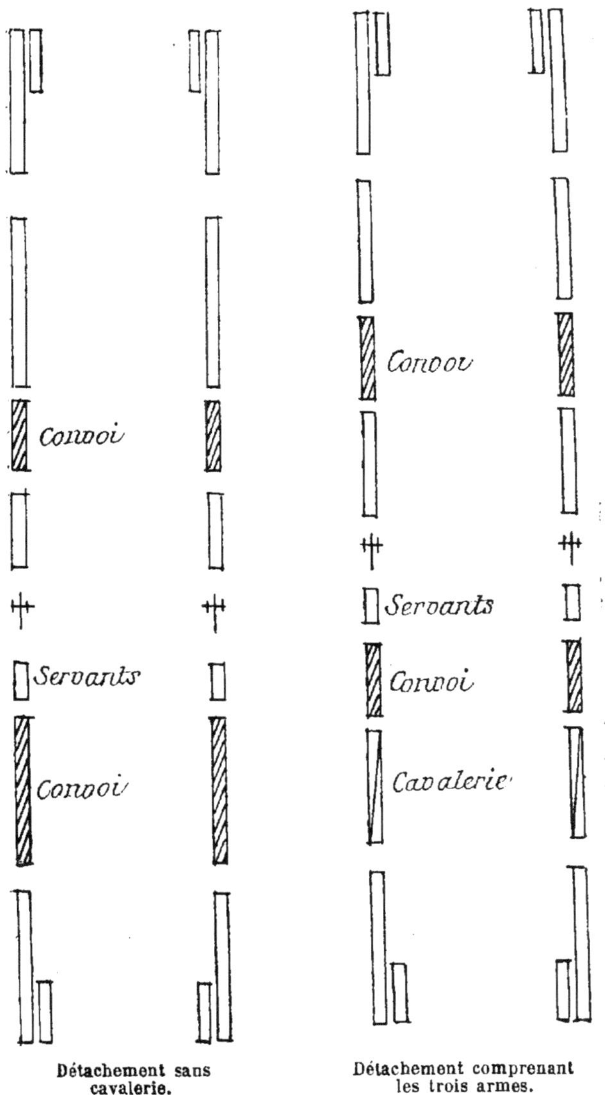

Fig. 56.

Formation de marche en « lignes parallèles » pour traverser un fourré ne permettant que la marche sur deux lignes « par un » ou « par deux ».

la formation ordinaire à la formation simplifiée que nous venons d'indiquer et réciproquement, ne demande que quelques minutes. Avant de traverser ces brousses épaisses, le commandant du détachement et le chef du convoi examinent d'une façon toute spéciale l'arrimage et le bon équilibre des charges, qui ne doivent présenter aucune saillie par laquelle elles pourraient s'accrocher. Si le convoi transporte du blé, du riz ou de l'eau, il est nécessaire de recouvrir les récipients avec de la paille, des peaux ou tout autre procédé, afin de les préserver des déchirures.

Le service de sécurité est assuré par les « signaleurs » ; mais comme le choc de la cavalerie est peu à craindre dans ces terrains, il est suffisant de s'éclairer à 100 ou 200 mètres en avant et en arrière ; les éclaireurs ne surveilleront les flancs que lorsque la formation traversera des clairières ou des parties du fourré permettant une attaque de flanc de la part d'un groupe de 10 cavaliers de front.

Le carré ne craignant, en effet, que le feu, les faces latérales sont assez fortes et disposées dans les meilleures conditions pour riposter à une tiraillerie peu sérieuse. Pour cela, dans chaque section, deux ou quatre hommes de l'escouade de tête s'arrêtent, répondent au feu et prennent la queue de leur section lorsqu'elle arrive à leur hauteur, pendant que de nouveaux tireurs de la tête exécutent la même manœuvre, et le mouvement se continue sans interrompre la marche. Six ou douze fusils peuvent réussir, ainsi, à faire taire les tirailleries des éclaireurs ennemis. Si l'ennemi est en force et si son feu devient meurtrier, c'est l'escouade de tête, dans chaque face, qui manœuvre de la même façon, pour riposter.

Si l'attaque est assez sérieuse pour nécessiter l'arrêt du

carré, une décharge générale de tous les fusils des faces latérales suffira probablement pour la repousser.

Par contre, si l'ennemi en force attaque la colonne en tête ou en queue, dans ces brousses épineuses et alors qu'elle vient de quitter un espace découvert ou avant qu'elle y pénètre, elle se trouve peu préparée à le recevoir (fig. 57 et 58). Aussi est-il indispensable d'avoir des signaleurs en tête et en queue de la formation si le terrain ne permet pas de voir à plus de 150 ou 200 mètres. Si même la hauteur de la brousse ne dépasse pas la ceinture d'un homme à cheval, les signaleurs seront envoyés jusqu'à 300 mètres de la colonne ; les transmetteurs restant à 150 mètres en arrière des signaleurs ; mais les uns et les autres doivent toujours être visibles.

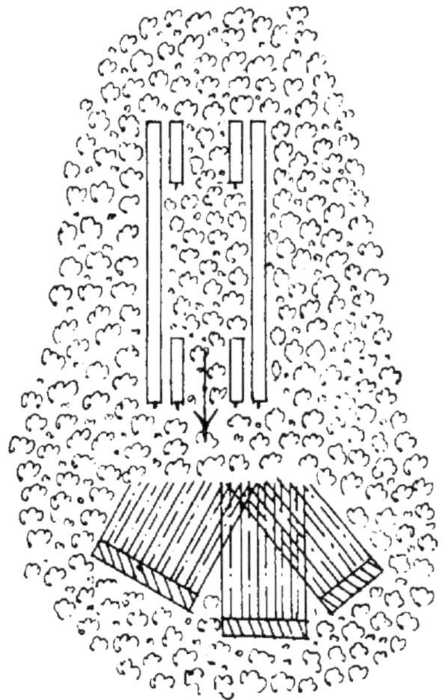

FIG. 57.

Formation simplifiée, en « lignes parallèles », attaquée par surprise, sur sa face avant, au débouché dans une clairière.

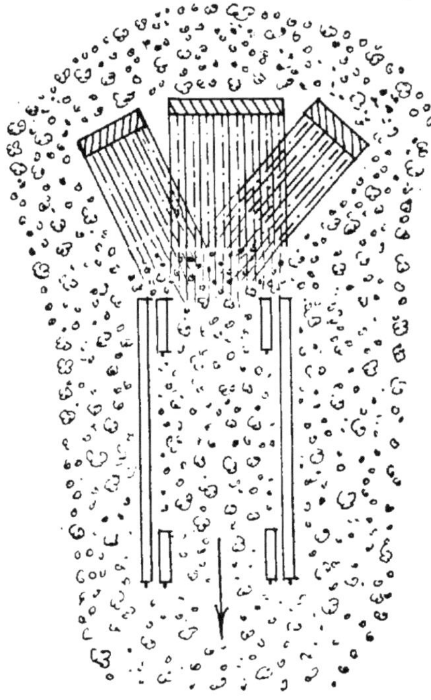

FIG. 58.

Formation simplifiée, en « lignes parallèles, attaquée par surprise, au moment où il quitte une clairière.

Le dispositif simplifié « en lignes parallèles » est peu apte à répondre à une attaque sur son front ou sur ses derrières ; mais la brousse permettant difficilement à plus d'un ou deux hommes de marcher de front, il ne serait pas possible, avec le dispositif de marche en « lignes parallèles », de déployer les deux escouades qui forment les faces avant et arrière. Aussi, malgré cet inconvénient, nous paraît-il devoir être avantageux dans ces terrains particulièrement difficiles.

CHAPITRE II

Stationnement. — Bivouacs.

EMPLACEMENTS DE BIVOUACS

L'emplacement du bivouac est choisi par le commandant du détachement, qui le jalonne par quelques cavaliers avant l'arrivée de la troupe. Si le détachement n'est pas encombré par un convoi énorme et si l'ennemi lui paraît redoutable, le commandant aura avantage à reconnaître l'emplacement où il stationnera la nuit en toute quiétude, lorsqu'il passera à proximité et sans rien montrer de ses intentions. Il continuera ensuite la marche, arrêtera la colonne à 1.000 mètres environ au delà de cet emplacement et fera former le bivouac. Dès la tombée de la nuit, il lèvera le camp, pliera bagages en silence, se portera sur l'emplacement choisi et installera le service de garde de nuit.

Nous avons donné dans le chapitre IV de la IIe partie (page 83) les conditions générales que doit remplir un bivouac et quelques indications sur la façon d'utiliser, en vue de la défense, le terrain où il sera installé. Ce terrain doit réunir deux conditions indispensables à la sécurité d'un petit détachement.

1° Les obstacles infranchissables, tels que précipices, brousses impénétrables, etc., qui protègent le camp sur une ou plusieurs de ses faces, ne doivent contenir aucune matière inflammable qui risquerait d'être incendiée, en raison de la sécheresse, soit par suite d'une imprudence des hommes du détachement, soit par l'ennemi lui-même. Si un incendie se déclarait, la troupe serait obligée de se retirer et l'ennemi pourrait profiter du désordre qui en résulterait pour l'attaquer avec quelques chances de succès.

2° Les faces protégées par les obstacles infranchissables liquides doivent avoir un champ de tir dégagé de tout accident du sol pouvant cacher l'ennemi aux vues et aux coups. Les marais et rivières sont généralement bordés d'une brousse haute qui permet à l'ennemi d'atteindre le détachement sans être vu. Souvent même — et c'est le cas pour les fleuves ou rivières de l'Indo-Chine et du Niger — le bord des rivières forme un bourrelet qui protège contre les coups.

Si les troupes irrégulières africaines sont peu disposées à tenter des attaques de nuit, par contre, elles recherchent souvent les tirailleries, qui ne les exposent pas à de grandes pertes, mais qui ont pour résultat d'énerver leur ennemi et de l'empêcher de se reposer, le mettant ainsi en état de moindre résistance pour le lendemain. Aussi est-il de la plus grande importance de choisir pour l'emplacement du camp un terrain qui assure une protection non seulement contre le choc, mais encore contre le feu de l'ennemi.

ORGANISATION D'UN BIVOUAC

1° *L'ennemi n'a que de la cavalerie.* — Si les renseignements ont donné la certitude que l'ennemi n'est composé que de cavalerie, le bivouac n'a à craindre que l'attaque par le choc.

Le meilleur emplacement est, pour lui, un bois à proximité d'une eau potable. La troupe s'installe dans une clairière ou dans un endroit qu'elle défriche elle-même (fig. 59). Les brousses coupées sont utilisées pour boucher les trouées existant sur les faces ou pour renforcer le carré par des défenses accessoires. Toutes les matières facilement inflammables sont éloignées du carré ; si l'on ne craint pas de révéler sa présence à l'ennemi et si la nature du bois dans lequel on est établi ne donne aucune crainte d'incendie, il serait préférable de les brûler.

Les sous-officiers établissent leur abri sur la ligne des faces, à côté de leur fraction. Les abris des commandants des faces sont construits derrière le centre de la face qui est sous leurs ordres. Le commandant du détachement choisit lui-même l'emplacement de son abri ; le piquet est auprès de lui. La garde est en face de la sortie du bivouac ; les sentinelles sont à l'intérieur du carré.

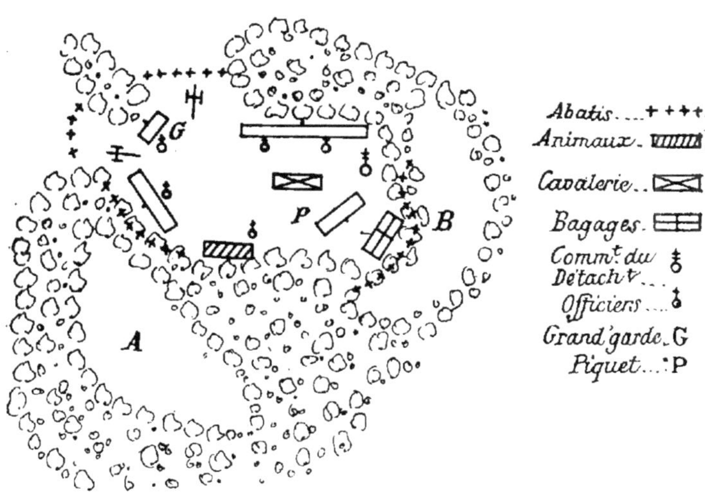

Fig. 59.

Bivouac établi dans un bois et organisé contre le choc d'une cavalerie seule.

Sur les terrains meubles ou sablonneux, une compagnie de Soudanais, dont les hommes sont pourvus de sabres ou de coupe-coupe, peut creuser, en une demi-heure, quatre rangs de trous de loup, ayant $0^m,60$ de profondeur et $0^m,30$ de diamètre, qui briseront l'élan d'une charge de cavalerie (fig. 60). Six rangées de ces trous, en quinconce et à l'intervalle de $0^m,80$ à 1 mètre, rendront toute charge impossible, à condition, bien entendu, que les sentinelles donnent l'alarme assez à temps pour que cette cavalerie soit sous le feu de l'infanterie, lorsqu'elle est désorganisée dans son élan. Afin que les trous de loup soient efficaces, il faut que la consistance du terrain soit suffisante pour que les parois restent verticales. Dans le cas contraire, les trous prennent la forme d'un entonnoir très évasé et l'obstacle n'est pas assez sérieux pour déterminer la chute des chevaux.

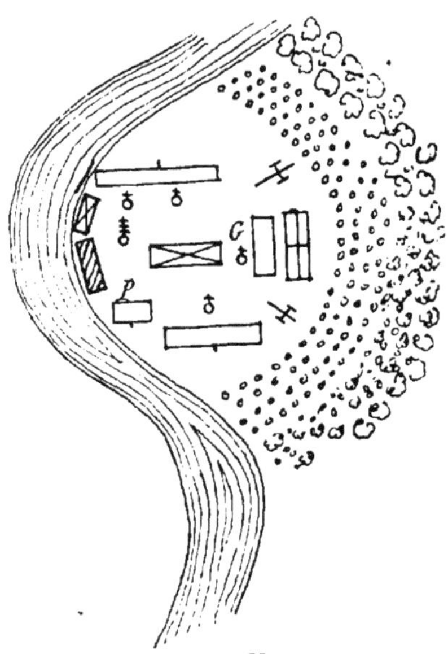

FIG. 60.

Bivouac protégé contre le choc d'une cavalerie seule, par une rivière et des rangées de trous de loup.

On peut former également un obstacle avec des branches solides de mimosas organisées en haie épineuse, le tronc tourné vers l'intérieur du camp et maintenu par des bâtons fourchus. Lorsque cette haie ainsi organisée a plus de 3 mètres d'épaisseur et 1^{m},50 de hauteur, elle est à peu près infranchissable ; mais une haie de 2 mètres suffit à rompre l'élan de cavaliers touareg (fig. 61).

Il est facile d'organiser une haie de ronces de mimosas de 2 à 3 mètres d'épaisseur, en moins d'une heure, si tous les hommes du détachement, moins la garde et le piquet, y travaillent.

On cite des haies de ce genre incendiées ou enlevées par les « bellas » des Touareg, à l'aide de leurs lances, pour faciliter la charge de leurs maîtres. D'aucuns prétendent aussi que, pour faciliter à leurs chevaux le saut d'une haie de cette nature, les Touareg jettent leurs grands boucliers par-dessus, au moment où ils chargent. Quels que soient les procédés, ils auront toujours peu de

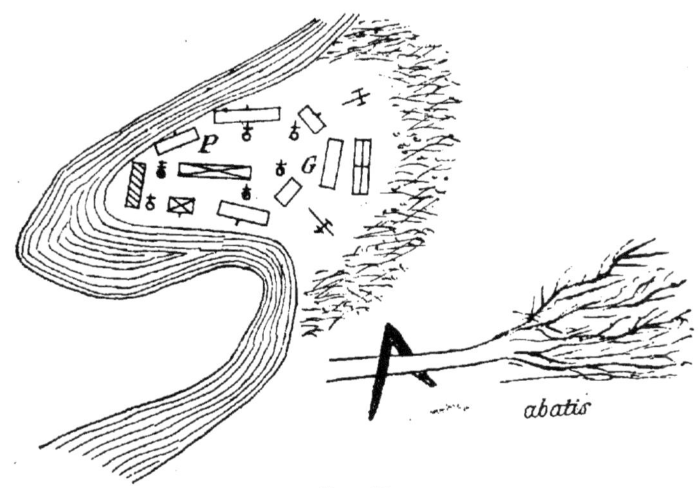

Fig. 61.

Bivouac protégé contre le choc d'une cavalerie seule par une rivière et des abatis de ronces.

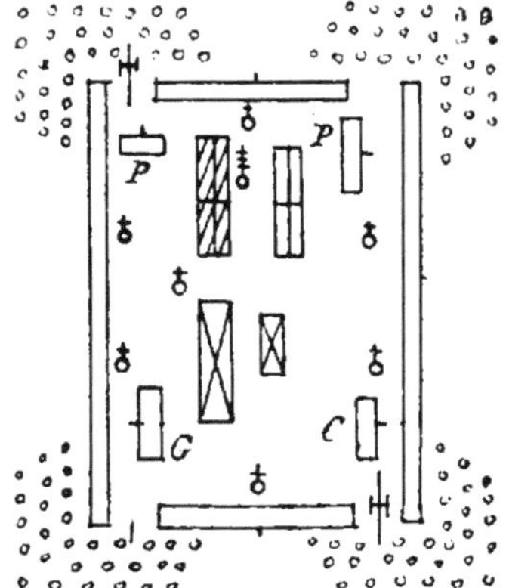

Fig. 62.

Bivouac dans une plaine sablonneuse.

valeur, dans la pratique, si les sentinelles sont vigilantes.

Une organisation défensive encore plus puissante consisterait à établir deux haies épineuses distantes entre elles de 10 pas environ, la haie extérieure étant la moins forte. Si l'ennemi, emporté par sa charge, franchissait la première ligne, il serait enfermé entre deux haies d'épines sous le feu du carré.

Dans une plaine sablonneuse et nue, le carré n'a d'autre ressource que de protéger son bivouac par des trous de loup (fig. 62). Le service de garde nécessite alors des mesures que nous exposerons dans un chapitre spécial.

Les terrains couverts de lataniers nains (fig. 63) dans des plaines sablonneuses fournissent de bons emplacements de bivouac lorsqu'on craint le choc de la cavalerie.

Ces quelques exemples d'utilisation du terrain pour la protection d'un bivouac nous montrent que le carré se mettra assez facilement à l'abri du choc lorsqu'il n'aura à craindre que la cavalerie. Mais toute cette organisation n'a de valeur que si la garde veille réellement et si les

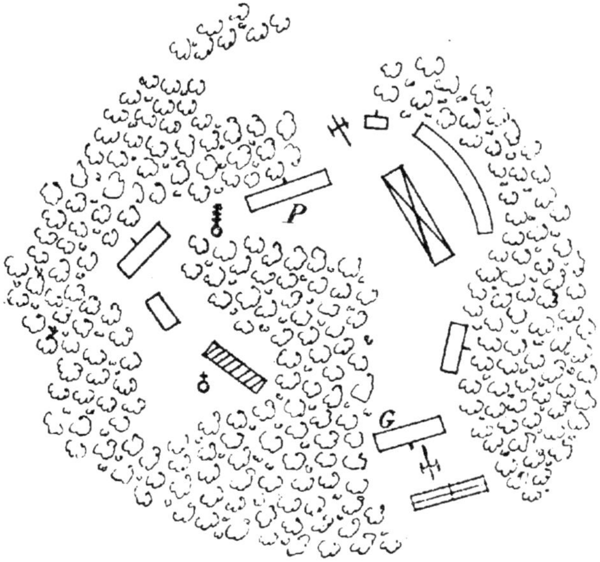

Fig. 63.

Carré utilisant les espaces dénudés qui se trouvent ordinairement au milieu des plantations de lataniers nains.

gradés paient de leur personne au lieu d'aller s'accroupir dans un coin pour sommeiller à leur aise.

2° *L'ennemi a de la cavalerie et de l'infanterie armée de fusils à tir rapide.* — Dans ce cas, l'organisation défensive d'un bivouac exigerait un travail manuel fort pénible à demander à des hommes qui viennent de faire une longue marche, qui sont arrivés tard à l'étape et doivent repartir à la pointe du jour. De plus, plusieurs emplacements, que nous avons indiqués comme favorables lorsque le détachement n'a à craindre que la cavalerie, seraient dangereux si l'ennemi possédait de l'infanterie.

Ils ne pourraient être adoptés qu'avec certaines modifications.

Le bivouac donné par la figure 59 doit être évité. Les fantassins irréguliers excellent à ramper en silence ; des groupes importants peuvent se masser, sans bruit, à travers la brousse et se ruer sur le camp avant que les sentinelles puissent donner l'alarme. Il est donc préférable de choisir, à 300 ou 400 mètres de ce terrain boisé, un emplacement ayant un champ de tir dégagé. La proximité du bois sera utilisée pour faire des abatis ou une haie épineuse autour du camp, qui devient alors une zériba. Si les circonstances obligent à s'arrêter dans ces bois, il est indispensable, quelle que soit la fatigue et l'heure tardive de l'arrêt, d'établir des abatis tout autour du bivouac.

L'emplacement donné par les figures 60 et 61 protège aussi bien du choc de l'infanterie que de la cavalerie, à condition que les rives non occupées de la rivière ne soient pas boisées et ne permettent pas à l'ennemi de s'approcher, à l'abri des vues, pour ouvrir le feu contre le carré. Le côté qui n'est pas protégé par la rivière doit être fermé par les bagages ou par des abatis et des trous de loup.

Les dispositions de la figure 62 sont également très bonnes contre l'infanterie et la cavalerie ; celles de la figure 63 sont dangereuses, parce que les lataniers nains ne sont pas un obstacle sérieux et ne permettent pas de faire des abatis suffisants pour arrêter les fantassins irréguliers, avant que le carré ait le temps d'ouvrir le feu. Si les nécessités de la marche imposent au commandant de la troupe le stationnement dans un terrain de ce genre, il doit avoir recours à un service de garde spécial et faire creuser, entre les lataniers, des trous de loup qui seront masqués par des feuilles. Une première ligne sera creusée à 50 mètres des faces, de façon à donner l'éveil par les chutes qu'ils provoqueront ; une deuxième ligne, à 20 mètres environ de chaque face, sera de nature à rompre l'élan des assaillants se ruant sur le carré.

GRENADES A MAIN

L'industrie moderne permet de renforcer les moyens de défense rapprochée, soit en marche, soit en station.

Pendant le siège de Port-Arthur, les Japonais et les Russes ont fait usage, dans la lutte rapprochée, de bombes à main.

Pendant les colonnes de Cho-Hu et de Cho-Moi, au Tonkin, il avait déjà été fait usage de pétards de dynamite que des légionnaires, anciens mineurs, lançaient à la main afin de débusquer de leurs retranchements les pirates qui y résistaient d'une façon opiniâtre.

Ce n'était qu'une rénovation de la façon de combattre de nos premiers grenadiers.

Des ateliers d'artillerie ou du génie, stationnés aux colonies, pourraient fabriquer facilement des grenades à main. De simples bouteilles remplies de dynamite ou de poudre mélangée à des morceaux de fonte, et munies de mèches, constitueraient déjà des engins redoutables. Il n'y a, pour s'en rendre compte, qu'à songer aux ravages causés par les bombes anarchistes.

Le maniement de ces grenades ne demande aucun apprentissage spécial ; il suffit, pour les employer, d'être adroit, vigoureux et de savoir lancer un caillou assez loin ; c'est assez dire que n'importe quelle fraction de troupe pourra avoir des grenadiers.

Si le carré avait un approvisionnement d'une vingtaine de ces grenades à main, il pourrait, très souvent, parer avec ces projectiles, à la charge par surprise de quelques centaines de cavaliers irréguliers dont l'élan serait déjà rompu par les défenses accessoires établies en avant des faces. Le bruit seul de l'explosion aura un grand effet moral sur l'imagination facilement impressionnable d'ennemis ignorants et incapables d'évaluer instantanément les conséquences de cette attaque inattendue. L'effet démoralisateur de la surprise passerait ainsi rapidement des rangs des défenseurs dans ceux de l'assaillant.

UTILISATION DES BAGAGES ET DES CHAMEAUX COMME OBSTACLES

Si le carré ne peut être protégé par des trous de loup et par aucun obstacle naturel ou artificiel, les bagages et enfin les chameaux eux-mêmes peuvent être utilisés pour protéger les combattants. Les chameaux sont, à cet effet, couchés et solidement entravés sur une ligne, à 6 mètres environ des grandes faces. Les piquets d'attache dont la cavalerie se sert en Algérie pour fixer au sol les cordes de bivouac peuvent être avantageusement remplacés par un paquet d'herbe ou de foin, un gros morceau de bois, ou, enfin, un sac rempli de sable, attaché aux extrémités de la corde et enfoncé dans le sol à une profondeur de 30 centimètres environ (fig. 64). Cet objet, enfoui dans un trou ayant un diamètre à peine

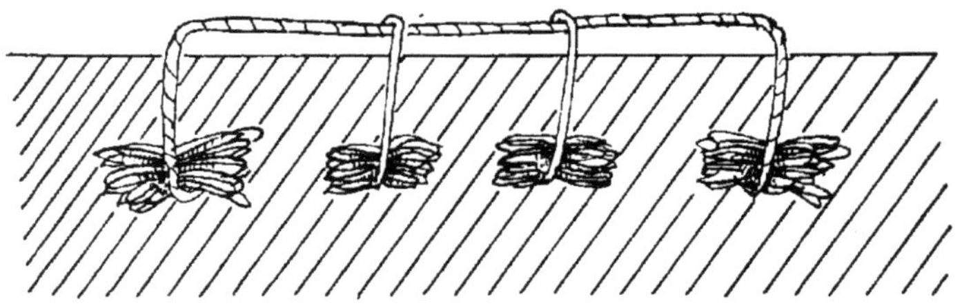

Fig. 64.

Moyen de fixer au sol une corde de bivouac sans se servir des piquets d'attache.

suffisant pour l'y introduire, est ensuite recouvert de terre que l'on tasse fortement. Si l'on veut accroître la solidité de la corde, on y noue, en deux ou trois endroits, des cordeaux que l'on fixe ensuite dans le sol comme on a fixé les extrémités.

Les pillards turcomans se sont servis, en 1879, des chameaux comme parapets, alors qu'ils étaient poursuivis par les Russes, auxquels ces chameaux avaient été ravis. Sur le point d'être atteints, ils formèrent un carré avec leurs chameaux couchés et entravés. Les Russes, fatigués par la longue et pénible marche qu'ils venaient de fournir, échouèrent dans l'assaut qu'ils donnèrent à cette zériba vivante, derrière laquelle les pillards s'étaient embusqués.

Les chameaux, ainsi employés, protègeront les hommes dans la position couchée ; mais, pour qu'ils ne soient pas une gêne, il faut que leurs entraves les empêchent absolument de se mettre debout.

En résumé, le meilleur emplacement de bivouac, lorsque l'ennemi a des forces sérieuses d'infanterie et de cavalerie, est celui qui présente, en avant de toutes les faces, un champ de tir découvert de plus de 400 mètres. Si cet emplacement est renforcé par une haie épineuse, des défenses accessoires, des trous de loup, etc., la sécurité du détachement sera suffisamment assurée. Elle le sera encore mieux si le camp est entouré, sur une ou plusieurs de ses faces, soit par un obstacle liquide ayant au minimum 8 mètres de largeur et 1m,50 de profondeur, soit par un marais ayant une vase profonde et liquide, soit encore par des tourbières. Dans tous les cas, les faces non protégées doivent être barrées par les bagages ou par des obstacles artificiels.

SERVICE DE SURETÉ

La vigilance de tout le détachement doit redoubler en station, car les irréguliers, jugeant d'après ce qui se passe chez eux, sont persuadés que la troupe régulière est plus facile à surprendre et moins apte au combat en station qu'en marche. Et cependant, sur un terrain favorable à la défense, tel que doit l'être un bivouac, si le détachement se trouve dans des conditions inférieures à celles de la marche sur un terrain qu'il faut utiliser tel qu'il se présente, la faute en incombe au commandement qui pourra être accusé d'imprudence grave, d'incurie ou d'ignorance.

Au stationnement, l'infanterie se repose et dort sur l'emplacement où elle combattrait ; chaque homme a, à portée de sa main, son fusil approvisionné et baïonnette au canon ; l'artillerie est en batterie, en position de surveillance, les pièces chargées ; le convoi est parqué et les bêtes entravées. Seule, la cavalerie n'est pas prête au combat à cheval, mais elle peut combattre à pied ; son intervention à cheval serait d'ailleurs de peu d'utilité au début de l'engagement.

Règles générales du service en station. — A partir du départ de sa garnison et jusqu'au jour où il y rentrera, le détachement prendra les dispositions suivantes dès l'arrivée à l'étape, sans perdre de temps et sans attendre les mesures particulières, dues aux circonstances, que le commandement pourrait prescrire.

Le service sera pris par jour. Tous les gradés suivront le tour de service de leur fraction, sauf ordre contraire.

Les hommes de troupe de toutes les armes, y compris

les ordonnances, prendront, sans exception, le service de garde de nuit.

Le commandant du détachement désignera nominativement les hommes qui seront exempts du service de garde de jour.

Lorsque leur tour les appellera à prendre la garde, les cuisiniers seront désignés, de préférence, pour la faction qui commence à la tombée de la nuit ou qui se termine au réveil.

Tous les officiers, tous les sergents, sans aucune exception, prendront le service de quart ; les plus anciens en grade prendront le quart qui se termine au réveil.

Les cuisiniers et ordonnances ne prendront pas part au service des rondes, patrouilles et reconnaissances faites à proximité du camp ; les gradés et hommes de l'escorte spéciale du convoi en seront également exempts, de même que les artilleurs et les cavaliers, sauf pour les missions qui pourraient leur incomber comme concernant leur arme spéciale.

SERVICE DE GARDE

1° *De jour.* — Suivant les terrains, un ou deux « signaleurs doubles », placés sur une éminence à 300 ou 400 mètres et en vue du carré, suffiront pour le préserver d'une surprise pendant le jour. Ces signaleurs doubles agiront comme ceux qui servent à renseigner le détachement pendant la marche.

Une section équipée et assise près de ses armes formées en faisceaux, sera prête à ouvrir le feu au premier signal. Les faisceaux ne seront formés que de trois fusils.

Dans les autres sections, les hommes auront leurs fusils placés à terre, sur les faces du carré, le bout du canon posé sur une petite fourche en bois pour éviter que la terre ou le sable n'enraye les culasses mobiles ou les mécanismes de répétition.

Si le détachement doit séjourner, c'est la section de piquet à laquelle appartiennent les « signaleurs » du jour qui fournira la grand'garde pour la nuit. Ces hommes seront ainsi familiarisés avec tous les accidents du terrain qui environnent le carré.

Les gradés de jour et ceux qui commandent le piquet assurent l'ordre et la sécurité du camp.

2° *De nuit.* — Une section d'infanterie de 38 hommes environ, plus 10 cavaliers et 5 artilleurs, formeront un piquet de 26 hommes et une grand'garde de 26 hommes également. Cette grand'garde fournira un nombre de sentinelles simples ou doubles variable suivant le terrain et les circonstances.

Le piquet fournira les rondes et patrouilles jugées nécessaires. Dans chacune de ces fractions, deux groupes seront formés pour alterner dans le service de grand'garde et de piquet. Il en résultera que, tous les quatre jours, les deux groupes fourniront alternativement l'un les sentinelles et l'autre les hommes de piquet.

QUART DE VEILLE

La veille commence à la tombée de la nuit et finit au réveil de la troupe.

Tous les officiers, sans distinction d'arme ni de grade, — sauf le commandant du détachement — prendront le quart de veille, en commençant par le plus jeune.

Tous les sous-officiers des trois armes qui ne sont ni de garde ni de piquet, prendront le quart par deux, sous les ordres de l'officier de quart, en commençant par les comptables et les moins élevés en grade.

Les chefs de section européens, qui sont de garde ou de piquet, devront être des sous-officiers d'infanterie. Ils devront veiller, par moitié, de minuit jusqu'au réveil et ne pourront, sous aucun prétexte, se coucher ou même s'accroupir.

Les caporaux et brigadiers européens des trois armes, de garde ou de piquet, se répartissent la veillée de toute la nuit en se relevant par deux ; ils ne doivent ni se coucher, ni même s'asseoir. Ils restent debout et se promènent sur le pourtour intérieur du camp.

Les gradés indigènes qui ne sont ni de garde ni de piquet se partageront la veillée de toute la nuit ; un sergent ou maréchal des logis et un caporal ou brigadier veilleront ensemble comme s'ils formaient une sentinelle double.

Le premier tiers du piquet reste debout, réuni près d'une face, ou divisé en deux pour garder deux faces ; les hommes peuvent porter leur arme à volonté, mais ils doivent l'avoir sur eux. Le deuxième tiers, disposé comme le premier, peut s'asseoir avec l'arme entre les jambes, mais non se coucher ou s'accroupir. Les hommes du dernier tiers peuvent dormir, complètement chaussés et équipés, mais avec le bras passé dans la bretelle de leur arme, qui doit être approvisionnée.

Dans la grand'garde, lorsque les sentinelles seront fournies par des groupes de plus de quatre hommes, l'homme qui descend de faction veillera pendant une heure près de son groupe ; mais alors la durée de faction des sentinelles ne sera que d'une heure au lieu de deux.

Il y aura donc sur pied, pendant toute la nuit : un officier de quart, un sous-officier européen, un ou deux caporaux européens, un sous-officier et un caporal ou brigadier indigènes, auxquels viendra s'ajouter, après minuit, le sous-officier européen de garde ou de piquet ; soit au total, 6 à 7 gradés ; comme troupe, y compris les sentinelles, 22 soldats environ prêts à tirer, plus le tiers du piquet et les trois quarts de la garde qui, quoique endormis, sont en état de faire feu dès qu'ils sont réveillés. Au total, 53 hommes prêts à tirer en moins d'une minute, ce qui paraît suffisant si l'emplacement du camp est bien choisi et si le service est bien exécuté.

L'officier de quart est responsable du bon fonctionnement de tout le service de sûreté du camp, ainsi que de l'ordre et du silence qui doivent y régner pendant toute la nuit ; il dispose des gradés de quart pour les rondes et patrouilles. Il donne l'alarme au camp dès qu'il le juge nécessaire et prévient le commandant du détachement du moindre indice suspect.

Aucune sonnerie ne devra être faite sans l'ordre du commandant, sauf « la générale », que tout gradé de quart peut ordonner s'il aperçoit l'ennemi. Tous les clairons se partagent la veille de toute la nuit à partir de 10 heures du soir, à raison d'une heure chacun, en commençant par le plus jeune. Le clairon de veille, porteur de son arme et ayant son clairon dans les mains, sera assis près du tiers du piquet qui veille debout. Le clairon gradé couche à proximité du commandant du détachement.

En principe, il y a, sur chaque face, une sentinelle double qui se promène d'un bout à l'autre pendant toute la durée de sa faction.

La grand'garde est placée, en général, derrière la face ou les faces du carré qui sont les plus exposées à une attaque de cavalerie.

Le piquet est installé près de l'abri du commandant du détachement, ou partagé en deux parties, afin de veiller sur les deux faces qui ne sont pas surveillées par la grand'garde. L'officier de quart est assis près de la grand'garde lorsqu'il ne fait pas de ronde personnelle à l'intérieur du carré.

Les sous-officiers et caporaux de quart veillent près du piquet lorsqu'ils n'exécutent pas de ronde.

Les conducteurs indigènes dorment près de leurs animaux ; ils fournissent un service de garde d'écurie placé sous la surveillance spéciale des gradés européens affectés au convoi.

Les chevaux d'officiers d'infanterie sont surveillés de la même façon par les ordonnances de ces officiers.

CAVALERIE

A moins qu'elle soit placée derrière des obstacles infranchissables, la cavalerie ne forme jamais une partie des faces du carré. Elle peut, tout au plus, servir pour ainsi dire d'escorte aux pièces d'artillerie, les cavaliers formés en fractions constituées couchant derrière les pièces.

Pendant le jour, un quart des chevaux, à tour de rôle, est tenu sellé et leurs cavaliers sont toujours en état de monter immédiatement à cheval.

Les patrouilles qui doivent s'éloigner à plus de 500 mètres du camp sont faites, de préférence, par la cavalerie.

Pendant la nuit, les cavaliers qui ne couchent pas près des pièces couchent en arrière de leurs chevaux.

ARTILLERIE

Les pièces sont chargées à mitraille. Deux servants par pièce, désignés à tour de rôle, se tiennent, nuit et jour, prêts à faire feu au premier signal de leurs gradés, ou dès que l'ennemi apparaîtra à moins de 500 mètres du camp.

CONVOI

En arrivant à l'étape, le commandant du convoi fait conduire les bêtes chargées d'objets d'un usage journalier auprès des propriétaires de ces objets. Il fait conduire les autres à l'emplacement indiqué par le chef de la colonne, passe une visite minutieuse et veille à ce que les animaux soient solidement entravés, la tête tournée vers l'intérieur du carré. S'il trouve des matériaux dans les environs, il fera entourer le convoi, par ses conducteurs, d'une légère haie d'épines, sorte de petite zériba qui lui sera d'un grand secours en cas d'alerte et pourra empêcher des animaux mal entravés de prendre la fuite.

Il ne rejoindra la place où il doit personnellement se reposer que lorsqu'il se sera assuré que les conducteurs et les animaux n'ont plus besoin de rien ; il provoquera auprès du commandant du détachement les ordres nécessaires pour faciliter sa tâche et lui permettre de la mieux remplir.

BAGAGES

Dès la tombée de la nuit, tous les bagages qui ne sont plus indispensables sont groupés en ordre, de manière à encombrer le moins possible l'intérieur du camp.

Au réveil, les ordonnances d'officiers et les hommes de corvée désignés par les chefs de section vont chercher les animaux au parc et les conduisent au point où les bagages sont déposés pour les arrimer et les charger. Ils les ramènent, aussitôt après, à leurs conducteurs.

CUISINES, FEUILLÉES, EAU, CORVÉES

Afin d'éviter que les sentinelles ne se profilent, pendant les heures d'obscurité, sur le feu des cuisines, celles-ci seront établies en avant du chemin que parcourent les sentinelles du carré ; elles devront être placées en avant des faces parallèles à la direction du vent pour que la fumée ne se répande pas à l'intérieur de la formation.

Les feuillées pour la nuit seront établies à une dizaine de pas en avant de la face la moins menacée, et, si possible, du côté opposé à la direction du vent pour que leur odeur n'incommode pas les hommes de la face qui est auprès d'elles.

Dès l'arrivée au camp, un gradé sera de planton près de l'eau pour empêcher qu'elle soit souillée par les hommes ou par les animaux. Si l'eau est courante, le planton interdira d'y laver en amont du camp. Tous les bidons de la troupe et tous les récipients nécessaires au café du matin seront remplis d'eau avant l'appel du soir. Les animaux seront abreuvés dans des récipients spéciaux, ou, si c'est possible, à la rivière, mais en aval du camp. Il sera toujours prudent de filtrer l'eau de boisson ; si l'on n'a pas de filtre, une ébullition de cinq minutes suffira pour la purifier et remplacera le filtrage.

Les corvées qui seront envoyées à plus de 100 mètres du camp seront armées et protégées par une fraction du piquet en armes. Ces corvées seront sous les ordres d'un gradé de cette fraction.

Lorsque les animaux seront envoyés au pâturage, une troupe en armes les gardera.

PRESCRIPTIONS COMPLÉMENTAIRES

Aucun homme de troupe ou gradé ne pourra s'éloigner du camp à plus de 100 mètres, sans l'autorisation du commandant du détachement.

Aucun troupeau de bœufs ou de moutons, aucun étranger, aucun indigène ne sera toléré en vue du camp, qu'avec l'autorisation du commandant du détachement.

Sous aucun prétexte, la compagnie ne pourra faire démonter plus de dix armes à la fois pour leur nettoyage, le camp pouvant être attaqué à tout instant.

CHAPITRE III

Avant-postes.

Le salut d'une troupe en station dépend beaucoup plus de la vigilance des avant-postes que de leur organisation. Comme tout mécanisme à rouages solidaires, les avant-postes ne répondent plus à leur but si une seule des parties qui les composent cesse de fonctionner convenablement. Pour que l'ensemble fonctionne bien, il faut, avant toutes choses, que la troupe ne soit déprimée ni physiquement ni moralement.

Il est prudent de ne pas arriver à l'étape avec une troupe épuisée par les fatigues, la faim ou la soif ; en outre, les hommes qui doivent veiller pendant la nuit doivent être l'objet d'une sollicitude constante de la part des gradés. Le commandant du détachement doit interroger les hommes de garde sur leurs besoins, sur la façon dont ils comptent accomplir leur mission, mais il évite de les influencer défavorablement par des recommandations exagérées qui auraient pour résultat de leur représenter l'apparition de l'ennemi comme un fléau. Il doit s'efforcer, au contraire, de leur faire comprendre que c'est surtout de leur vigilance et de leur dévouement que dépend, non seulement le salut du détachement, mais surtout le bonheur d'infliger à l'ennemi une défaite sanglante et complète.

Si la troupe se garde, ce n'est pas pour éviter les coups ; c'est pour être avertie à temps, dans le cas où l'ennemi, croyant la surprendre endormie, se hasarderait à l'attaquer. Que le détachement marche, stationne ou combatte, le but reste le même : la destruction de l'ennemi ; on marche pour l'atteindre ; on stationne pour se reposer et reprendre ensuite la marche dans de meilleures conditions. Le cri des avant-postes ne doit pas être : « Gare ! l'ennemi est sur nous ! » mais bien : « Debout ! voilà l'ennemi ! » Chacun doit être imprégné d'un tel esprit offensif que, à la moindre alarme, tous les dormeurs se dressent joyeux à l'idée de pouvoir enfin faire payer à l'adversaire les fatigues et les privations qu'ils subissent depuis de longs jours pour l'atteindre. Il faut que la première leçon donnée à l'ennemi soit telle qu'il perde désormais toute envie de s'approcher d'une troupe dont il sera plus dangereux de troubler le sommeil que de contrarier la marche pendant le jour.

Un petit détachement au bivouac doit agir en tout temps comme s'il était en embuscade, heureux si l'ennemi, au lieu de l'obliger à des marches longues et pénibles pour l'atteindre, vient de lui-même l'attaquer, croyant le trouver au bivouac, moins préparé pour le combat.

SENTINELLES EXTÉRIEURES AU CARRÉ

Les irréguliers tentent rarement des attaques de nuit ; ils attendent, de préférence, le lever du jour ; c'est pour ce motif que nous avons conseillé de faire prendre les derniers quarts de veille par les gradés les plus élevés en grade et les plus anciens (page 146). Il sera même prudent, lorsque l'on aura affaire aux Touareg ou cavaliers marocains, de faire veiller tout le piquet et toute la grand'garde à partir de 3 heures du matin.

Toutefois, lorsqu'ils n'ont subi aucun échec grave, ou bien lorsque la manière dont la troupe se garde leur paraît propice à une action par surprise, les irréguliers n'hésitent pas à la tenter. Pour y parer et éventer l'ennemi, le général Yusuf et le maréchal Bugeaud ont préconisé un service de petits postes placés en embuscade, loin du bivouac. Le général Yusuf plaçait souvent ses avant-postes, composés chacun de quelques hommes, à plus de 1.000 mètres de son bivouac.

Xénophon avait déjà préconisé cette manière de garder un camp : « Quand il s'agit, dit-il, d'éviter les surprises, j'approuve toujours les postes cachés et les sentinelles avancées ; c'est un moyen de veiller tout ensemble à la sûreté des amis et de tendre des pièges aux ennemis. Ces détachements invisibles sont à la fois moins exposés à la surprise et plus redoutables ; car, savoir qu'il y a quelque part un poste, mais en ignorer la position et la force, cela ôte toute confiance à l'ennemi ; tous les lieux deviennent forcément suspects. Si, au contraire, les postes sont à découvert, il voit nettement ce qu'il doit craindre et ce qu'il peut tenter, etc... »

Ces mesures sont très recommandables dans les fortes colonnes, chez lesquelles la mort de quelques soldats, aussi douloureuse qu'elle puisse être, ne saurait atteindre le moral de la troupe. Mais, dans les petits détachements, la perte de quelques hommes apparaît toujours comme un échec sensible ; de plus, l'ennemi, en promenant à travers les populations indigènes les têtes des Européens qu'il aura surpris et tués dans un petit poste, pourra faire croire à un succès remporté sur les troupes régulières et décider des tribus, restées jusqu'alors hésitantes, à prendre les armes avec lui.

Il paraît donc plus prudent de ne pas exposer des petits postes trop loin du bivouac, si l'on n'est pas en état de les secourir ou de les recueillir sûrement. Il sera préférable de diviser la grand'garde et le piquet en quatre fractions qui veilleront par moitié, en plus des sentinelles, et seront toujours prêtes à ouvrir le feu.

Il est certain que, par les nuits obscures, des sentinelles placées dans l'intérieur du carré ne pourront, même si elles sont très attentives, discerner la présence de l'ennemi à plus de 150 mètres, et ce n'est pas suffisant, si le bivouac n'est pas protégé par des ronces ou des trous de loup. Il faudra alors placer les sentinelles en dehors du carré, à une distance telle qu'elles puissent avertir le détachement assez à temps ; des « trous-refuges » leur serviront d'abris.

Ces « trous-refuges » seront creusés à environ 6 mètres sur la droite ou la gauche de l'emplacement sur lequel les sentinelles doivent se tenir pour veiller. Ils auront 1 mètre de profondeur et $0^{m},50$ de diamètre et ne seront creusés qu'à la tombée de la nuit ; les conducteurs et domestiques indigènes du détachement doivent même en ignorer l'existence. De plus, les sentinelles appelées à veiller en dehors du carré, à proximité de ces abris, ne prendront leur service que lorsqu'il ne sera plus possible, de l'intérieur du carré, de distinguer quelques hommes groupés à une distance inférieure à 200 mètres.

En cas d'alerte, ou lorsqu'elles apercevront l'ennemi, les sentinelles, après avoir fait feu, s'accroupiront dans leurs trous-refuges le plus tôt possible, parce que le carré commencera à tirer dès que l'ennemi sera signalé par le coup de feu de l'une quelconque des sentinelles extérieures. En outre, le carré défendra par son feu l'accès des trous-refuges à l'ennemi et les sentinelles resteront ainsi indemnes. S'il y a eu erreur de la part de la sentinelle qui a fait feu, elle appellera un gradé de quart au moyen d'un sifflet, de castagnettes, ou de tout autre signal ; le service de veille reprendra alors son fonctionnement normal.

Lorsque les sentinelles sont simples, des rondes fréquentes sont nécessaires pour recueillir les renseignements et s'assurer que les hommes de faction ne se sont pas mis dans leur trou-refuge, où ils ne tarderaient pas à s'endormir. Ces rondes, composées d'un gradé de quart et d'un seul homme, parcourront la ligne toutes les demi-heures ; elles stationneront pendant quelques minutes près d'une sentinelle avant de se diriger vers la suivante, afin de pouvoir ainsi s'assurer de l'absence de l'ennemi et ne pas se laisser surprendre avant d'avoir rejoint le camp. Pour rentrer à l'intérieur du carré — et elles doivent le faire rapidement à la moindre alerte — elles se dirigeront, de préférence, du côté du piquet ou de la grand'garde à laquelle elles appartiennent, et annonceront leur approche par un signal convenu.

Dans tous les cas où des sentinelles sont hors du carré, d'autres sentinelles doivent être placées devant l'emplacement de la garde et du piquet ; ce sont elles qui enverront aux gradés de quart toutes les personnes venant de l'extérieur ou essayant de sortir du carré.

Pendant leur campagne du Soudan, en 1885, les Anglais plaçaient, la nuit, devant chacune des faces de leur carré, un petit poste fournissant jusqu'à six sentinelles doubles établies entre 100 et 400 mètres des faces. Un service de ronde et de patrouilles complétait ce service de garde en parcourant les environs du carré. Ces dispositions ne paraissent pas convenir aux petits détachements dont les effectifs sont trop faibles. En outre, un pareil nombre de sentinelles extérieures peut, en cas d'attaque soudaine, retarder l'ouverture du feu du carré.

Lorsque le détachement est dans l'obligation de bivouaquer sur des terrains défavorables pour la défense, en présence d'un adversaire entreprenant et disposant d'infanterie et de cavalerie (fig. 59, 60, 61, 62 et 63), le service de sûreté doit remédier à la faiblesse des moyens naturels qu'offre le terrain.

AVANT-POSTES DANS LES TERRAINS BOISÉS. — POSTES D'ÉCOUTE

Le bois représenté par la figure 65 renferme des trouées ou des clairières A, B, C, D, E, séparées de l'emplacement du bivouac par des fourrés. Il est impossible aux sentinelles placées à l'intérieur du carré de voir et d'entendre ce qui se passe dans ces clairières distantes du camp de plus de 50 mètres.

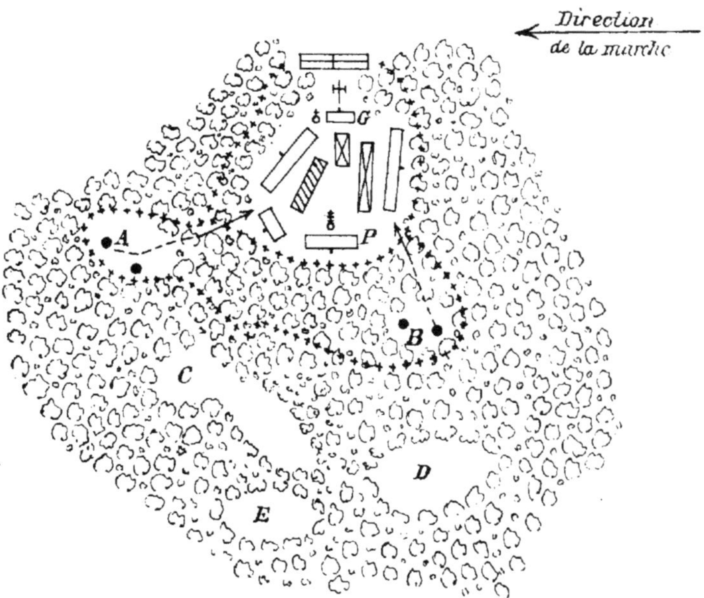

Fig. 65.

Utilisation d'un bois empêchant de voir à plus de 50 mètres.

Les abatis doivent englober les deux clairières A et B qui sont à environ 100 mètres du carré. Ensuite, indépendamment du service de sûreté consistant en quatre sentinelles simples à l'intérieur et sur chaque face du carré, un « poste d'écoute » de trois ou quatre hommes est placé dans chacune de ces clairières. L'ennemi ne pourra plus, dans ces conditions, se masser à 100 mètres du carré ; il ne pourra le faire qu'en C, D ou E ; lorsqu'il se portera à l'attaque, il sera arrêté par la ligne d'abatis qui garantit A et B et, s'il réussit à la franchir, par la deuxième ligne qui protège directement le carré. Les postes d'écoute auront, d'ailleurs, donné l'éveil assez à temps, par leur feu, pour permettre au carré de se préparer au combat, et de pointer même les pièces d'artillerie chargées à mitraille dans la direction de cette attaque.

Dès que les quatre hommes du poste d'écoute ont tiré, ils doivent s'esquiver vers les faces latérales du carré, par un chemin tracé d'avance et dégagé de tout obstacle ; s'ils négligeaient de prendre cette voie, ils risqueraient d'être tués. D'ailleurs, pour être certain que ces postes ne prendront pas une fausse direction dans leur retraite, toutes les autres issues venant des clairières A et B sur le bivouac seront obstruées. En outre, près de la sortie pratiquée dans les lignes d'abatis pour servir de débouché aux chemins de retraite des postes, un ou plusieurs gradés ou soldats seront placés pour guider les hommes des postes par leurs appels et empêcher tout dormeur, éveillé en sursaut, de tirer sur eux lorsqu'ils battront en retraite. Le débouché des chemins d'écoute vers le carré doit être obstrué par une ou deux très grosses branches que les soldats désignés pour guider les hommes des postes d'écoute déplaceront, quand ce sera nécessaire, pour laisser pénétrer dans l'intérieur du carré.

Dans le cas où l'ennemi suivrait de très près, les hommes des postes se coucheront contre la haie formée par les abatis et feront feu. Leurs camarades les défendront en tirant par-dessus eux.

Les postes d'écoute ne doivent pas être placés à plus de 100 mètres ; ils peuvent alors disparaître assez à temps tout en dégageant presque instantanément les faces du carré, car l'ennemi qui vient derrière eux sera retardé par la nécessité de se frayer un chemin au travers des abatis des clairières. Ils ne devront cependant pas perdre de temps, car l'agilité des indigènes est d'autant plus dangereuse pour eux que la distance à parcourir est plus longue.

Dans le poste, généralement de quatre hommes, un homme veille ; les trois autres se reposent.

La sentinelle ne doit tirer que lorsqu'elle *voit* l'ennemi. Si elle soupçonne seulement sa présence elle doit réveiller aussitôt ses trois camarades et si les quatre hommes *voient* distinctement l'ennemi, ils déchargent leurs armes sur lui et s'enfuient vers le carré. S'ils ne peuvent distinguer d'une façon certaine, mais soupçonnent sa présence en raison du bruit ou d'autres indices, l'un d'eux va, sans retard, prévenir le commandant du piquet ou l'officier de quart ; ceux-ci font mettre tout le piquet debout et tiennent la pièce d'artillerie prête à faire feu.

Pendant ce temps, les trois hommes du poste continuent à écouter et à observer ; ils sont bientôt rejoints par celui qui était allé avertir le piquet. Un poste d'écoute ne doit jamais être renforcé ; personne ne doit aller vérifier un renseignement qu'il a donné. Tous ces mouvements seraient nuisibles à la sécurité, car l'emplacement du poste serait vite éventé. Lorsque le poste n'a plus aucune raison de croire à l'arrivée prochaine de l'ennemi, il envoie prévenir l'officier de quart et le service de garde reprend ses dispositions habituelles.

Dès qu'un poste a tiré pour annoncer la présence réelle

de l'ennemi, tous les autres postes se retirent après avoir fait feu une fois, même s'ils ne voient personne devant eux.

Ces dispositions peuvent avoir l'inconvénient, avec des sentinelles manquant de sang-froid, de faire réveiller inutilement et plusieurs fois pendant la nuit, tout le détachement ; mais ces incidents se produisent avec tous les avant-postes ! Et il vaut mieux être réveillé quelquefois mal à propos que de se laisser surprendre par crainte d'un dérangement inutile. Il faut donc s'y résigner jusqu'au moment où l'expérience viendra donner aux hommes des postes d'écoute le sang-froid nécessaire.

La connaissance parfaite des mœurs et des coutumes de l'adversaire permettra parfois de négliger les tirailleries ou les fausses attaques de nuit en confiant aux hommes de garde seuls la mission de rester en éveil et en prescrivant au reste du détachement de ne se lever que lorsque l'ordre d'ouvrir le feu sera donné. Suivant les circonstances, quelques fractions peuvent seulement être désignées pour répondre au feu dans le cas où il deviendrait trop dangereux.

Si le tempérament des hommes désignés pour les postes d'écoute fait craindre leur manque de sang-froid et les alertes inutiles, le commandant du détachement peut désigner comme chefs de ces postes des gradés connus pour leur calme et leur bravoure.

AVANT-POSTES DANS LES TERRAINS DÉCOUVERTS

Le détachement campe sur le bord d'une rivière dont la rive opposée est boisée (fig. 66). L'ennemi peut, avec son infanterie, pénétrer dans ces bois et faire feu sur le carré pendant que sa cavalerie chargera sur la rive occupée par le détachement, pris ainsi entre plusieurs feux croisés et une charge.

Si on en a le temps et les moyens, les faces non protégées par l'eau doivent l'être par des haies de ronces, des trous de loup ou des abatis, si des bois existent sur la rive occupée.

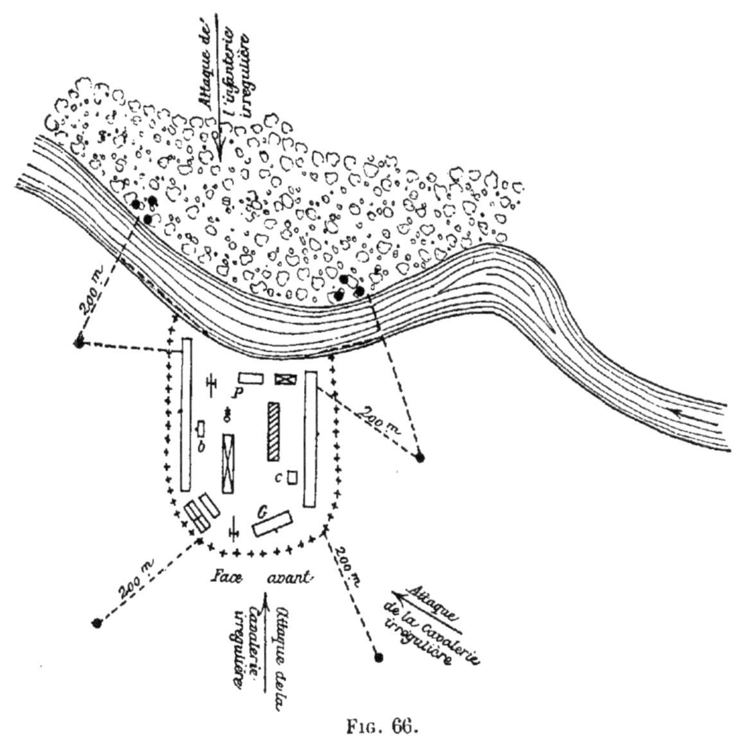

Fig. 66.

Utilisation d'un cours d'eau dont la rive opposée est boisée.

Dans l'intérieur du carré, une pièce d'artillerie et une partie des cavaliers disponibles seront placés du côté de la face qui regarde la rive non occupée, afin de concourir, avec le piquet, pour riposter au feu de l'ennemi. L'autre pièce défendra la face opposée de façon à prendre, autant que possible, l'assaillant d'enfilade et à mitrailler tout l'angle vers lequel l'ennemi pourrait donner l'assaut.

A l'extérieur, le service des avant-postes, étant donné l'emplacement du bivouac, se réduit à peu de chose.

Si la nuit est obscure et si l'on n'a pu établir des défenses accessoires sur les faces non protégées, une sentinelle double est placée à 200 mètres en avant des quatre angles du carré et suivant les bissectrices de ces angles.

Si l'obscurité permet de distinguer un homme à plus de 200 mètres et si les faces sont protégées par des obstacles, les sentinelles sont placées dans l'intérieur du carré.

Bien que le carré soit protégé par des défenses accessoires, si l'obscurité empêche de distinguer un groupe d'une dizaine d'hommes à 200 mètres, des sentinelles simples sont placées à l'extérieur vers les quatre angles et à une distance telle qu'elles puissent, malgré l'obscurité, apercevoir les fantassins ennemis qui s'approcheraient à 200 mètres du bivouac ; ces sentinelles agissent, pour prévenir du danger, comme les « signaleurs » lorsque le carré est en marche. Dès qu'elles ont tiré, elles rentrent dans le carré ; celles de la face avant, par les angles avant ; celles de la face arrière, en longeant les bords de la rivière, en contre-bas, pour dégager les faces.

Pour parer aux attaques venant de la rive boisée, et si l'eau est infranchissable, en raison de son fort courant, de sa grande profondeur ou de la vase qui en forme le fond, fournissant ainsi une protection suffisante jusqu'à 50 mètres de la face arrière, les sentinelles de cette face seront laissées dans l'intérieur du carré. Mais si l'eau est franchissable, même par quelques hommes isolés à la nage, et si la largeur de l'obstacle est inférieure à 50 mètres, il serait prudent d'envoyer un ou deux « postes d'écoute » sur la rive opposée. L'emplacement et la mission de ces postes et la distance à laquelle ils doivent se trouver de la rive dépendent de la nature du terrain, des circonstances et de leur facilité de retraite. En cas d'attaque, les hommes de ces postes, après avoir fait feu, franchiront l'eau par les moyens qu'ils ont employés pour passer sur la rive opposée, et se dirigeront vers le bivouac par des itinéraires détournés ne gênant pas le feu des faces (fig. 66).

AVANT-POSTES DANS UNE PLAINE SABLONNEUSE ET NUE

1° Dans une plaine sablonneuse et sans ondulation, le détachement ne peut renforcer la défense de ses faces qu'avec des trous de loup (fig. 67). Avec six lignes de ces obstacles, disposés en quinconce et espacées de $0^m,80$ à 1 mètre, l'emploi des signaleurs à l'extérieur est inutile ; quatre sentinelles simples placées en dedans et sur chaque face du carré suffisent pour donner l'alarme à temps, même par une nuit obscure.

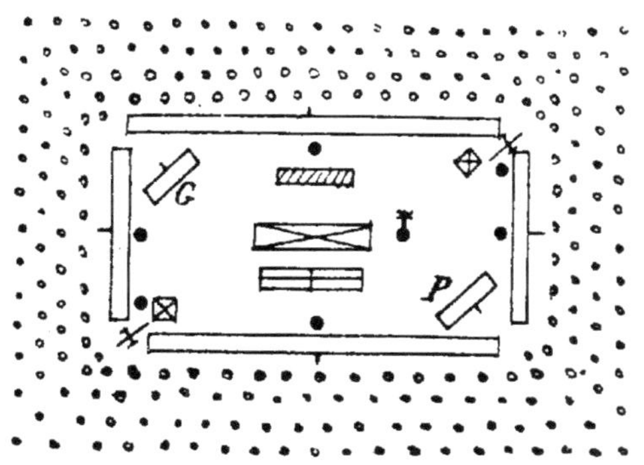

FIG. 67.

Bivouac dans une plaine nue et plate. Trous de loup.

Le choc de la cavalerie est surtout à redouter dans ces terrains, et le bruit que font les chevaux est entendu à plus de 200 mètres au milieu du calme et du silence, dans une plaine nue et plate, par des sentinelles vigilantes.

Si la charge s'approche, elle sera désorganisée par les trous de loup ; les hommes du piquet et de la garde suffiront pour l'arrêter par leur feu.

2° Si le carré n'est que peu ou point protégé par des trous de loup, les bagages pourront être utilisés comme obstacles contre une charge. Ils seront placés par moitié devant les pièces d'artillerie pour protéger les servants (fig. 68).

Les chevaux de la cavalerie et les mulets de l'artillerie seront solidement attachés et entravés entre les bêtes de somme du convoi et les bagages de façon à être quelque peu protégés contre le feu de l'infanterie.

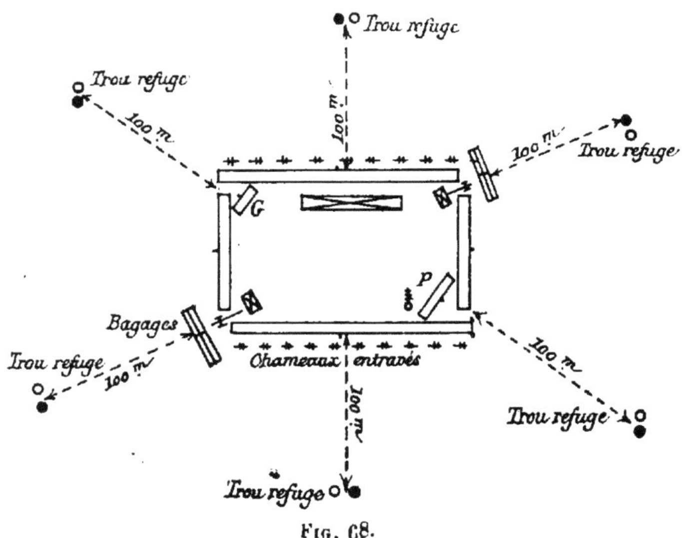

Fig. 68.

Bivouac non protégé par des obstacles naturels et ayant un convoi de chameaux.

Les chameaux, entravés et attachés les uns aux autres, pourront être utilisés comme parapet. Partagés en deux groupes, ils seront attachés solidement au sol (fig. 64) en dehors du carré, à environ 6 mètres, le long des grandes faces, ainsi que nous l'avons indiqué (page 140, pour protéger ces faces. Les soldats qui se trouvent derrière les chameaux doivent se porter contre eux, avant d'ouvrir le feu, de crainte de les blesser par inadvertance.

Si le convoi comprend des bœufs et des ânes, animaux peu dociles et difficiles à maintenir en place, ils seront parqués au milieu du carré, la tête tournée vers l'intérieur du bivouac.

Si on ne veut pas employer les chameaux pour protéger les faces du carré, ils seront parqués dans l'intérieur, de la même façon que les bœufs et les ânes.

AVANT-POSTES DANS UN TERRAIN ACCIDENTÉ ET BOISÉ.

Si le terrain présente des hauteurs suffisamment élevées pour rendre une attaque de cavalerie improbable, et si

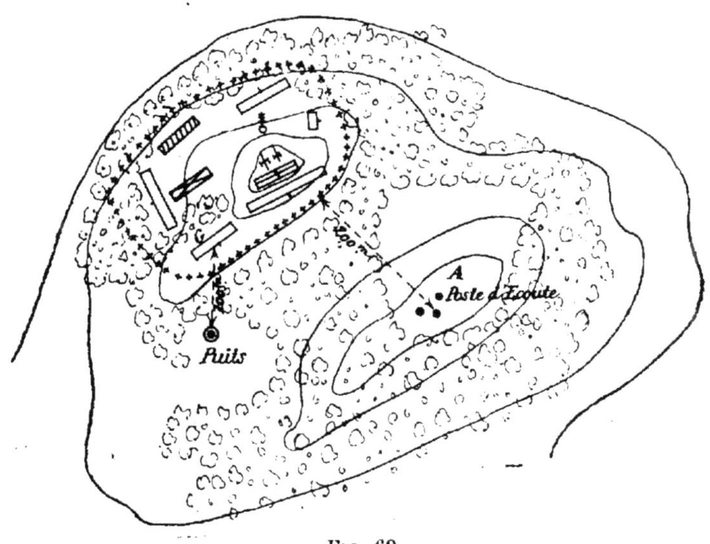

Fig. 69.

Avant-postes dans un terrain accidenté et boisé.

l'eau est à proximité (100 ou 200 mètres), le bivouac s'y trouvera dans des conditions avantageuses. L'artillerie sera au sommet de la hauteur de façon à tirer par-dessus les hommes du détachement qui sont couchés en contre-bas par rapport aux pièces.

Le camp sera entouré d'abatis et tout le détachement s'emploiera à leur confection. Des sentinelles seront placées à l'intérieur de cette zériba pour surveiller tous les abords de la hauteur.

S'il y a, à moins de 200 mètres du camp, une hauteur A dont l'occupation par l'ennemi constituerait un danger ou gênerait l'usage du puits ou du point d'eau, il est de toute nécessité de la faire occuper par un poste d'écoute. Ce poste ne doit pas combattre ; il n'a qu'une mission de surveillance. Si l'ennemi est signalé en marche vers la hauteur A avec des forces minimes, une fraction est envoyée pour l'empêcher d'y arriver ; si ses forces sont importantes ou inconnues, le commandant du détachement fait rentrer toutes les corvées qui sont au puits, puis, suivant les événements, se porte au-devant de l'attaque ou reste sur la défensive ; l'accès du puits est, en tous cas, tenu sous le feu de l'artillerie et de l'infanterie.

Dès que le poste a fait feu pour signaler la présence de l'ennemi, il se replie rapidement sur le carré en démasquant les faces qui sont du côté de l'attaque. Ce mouvement de retraite serait gênant pour le carré si les postes étaient nombreux ; mais, en général, ils ne seront employés dans ces terrains que pour assurer la sécurité des points d'eau.

AVANT-POSTES DANS LES TERRAINS COUPÉS DE DUNES OU DE HAUTEURS DÉNUDÉES ET DÉPOURVUES DE BOIS OU DE RONCES.

Le détachement occupe la hauteur la plus élevée ou la

plus rapprochée de l'eau (fig. 70). Si son emplacement permet de voir les hauteurs qui avoisinent le puits et de les battre efficacement par le feu, il est inutile de les occuper pendant toute la nuit ; des postes d'écoute y sont placés pendant le temps où les hommes et les animaux vont s'abreuver. Dans le cas contraire, des postes d'écoute les occupent pendant tout le stationnement.

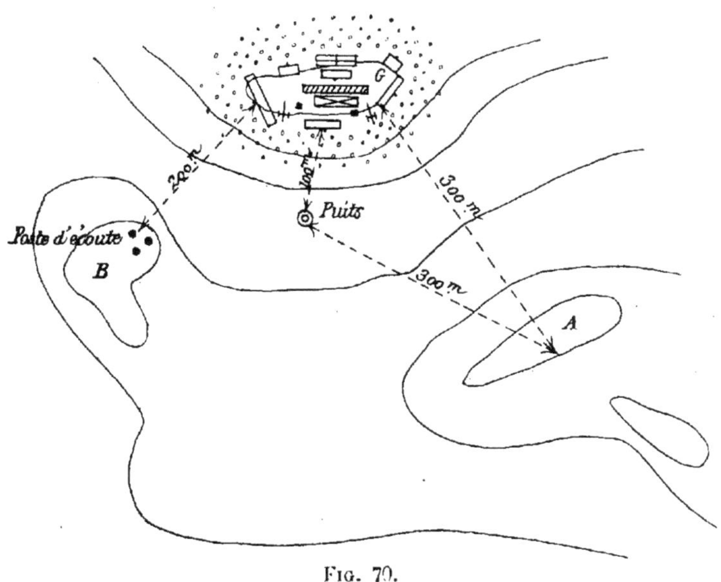

Fig. 70.

Des trous de loup sont creusés tout autour du bivouac et, si le temps le permet, la défense est complétée, sur les faces qui ont des vues sur le puits, par des petites tranchées.

Les sentinelles sont dans l'intérieur du carré.

Pour se protéger des coups de feu d'un ennemi qui occuperait la hauteur A, il sera avantageux de placer la majeure partie des troupes et des animaux sur le versant qui ne peut être vu de cette hauteur. Du côté dangereux, la garde, le piquet, les artilleurs et les cavaliers à pied qui servent de soutien aux pièces seront protégés par les bagages formés en parapet et complétés, si possible, par de petites tranchées, à la confection desquelles tout les hommes disponibles, artilleurs, cavaliers ou fantassins, seront employés.

Il est inutile d'envoyer des postes d'écoute sur les hauteurs qui sont à plus de 200 mètres du puits ; l'ennemi n'ayant pas d'artillerie, la hauteur A sera rendue intenable uniquement par le feu combiné de l'infanterie et de l'artillerie.

Par les nuits très obscures, il n'y a pas avantage à ouvrir le feu sur l'ennemi à plus de 100 pas ; si les hommes ne voient pas leur guidon et tirent sans viser, il faut que la faible distance ne permette pas aux balles de passer par-dessus la tête de l'ennemi. Lorsque le soldat tire avec précipitation, il épaule mal et laisse le bout de son canon disposé comme pour le tir à 2.000 mètres ; pour y parer, les feux doivent, pendant la nuit, être exécutés dans la position à genou.

Les dispositions que nous avons indiquées pour le service des avant-postes, suivant les terrains occupés, paraissent suffisantes pour assurer la sécurité ; mais le détachement ne doit pas avoir pour unique souci de reposer à l'aise en comptant sur son service de sûreté. Il doit se comporter, en permanence, comme s'il était tout entier en embuscade.

Quelle que soit la fatigue qui peut en résulter, guetter l'ennemi et l'atteindre doivent procurer au soldat des jouissances comparables à celles qu'éprouvent les chasseurs de grands fauves, postés à l'affût et qui ne craignent pas d'affronter, pendant de longues nuits sans sommeil, et par tous les temps, toutes les privations, tous les dangers.

CHAPITRE IV

Combat contre les troupes irrégulières composées de cavalerie appuyée ou non par de l'infanterie.

Par suite de la faiblesse de leur effectif, les petits détachements peuvent rarement compenser par la manœuvre la valeur combative individuelle des irréguliers. Ils ne peuvent entreprendre un mouvement tournant ou enveloppant, en face d'un ennemi très supérieur en nombre, très mobile, se dispersant à volonté et n'ayant aucun souci des liens tactiques, que si la fraction qui en est chargée est capable, par ses seuls moyens, de résister avantageusement. La mobilité de ces adversaires est telle que la fraction qui exécute le mouvement tournant peut être accablée, si elle n'est pas suffisamment solide, avant que la colonne principale puisse intervenir efficacement. Lorsqu'un mouvement tournant paraîtra nécessaire pour déloger les irréguliers d'une position ou d'un lieu habité, il sera, dans ce cas, exécuté par le détachement tout entier qui, en menaçant la ligne de retraite de l'ennemi, provoquera, le plus souvent, leur fuite.

Les conséquences d'un échec partiel subi par une fraction détachée ne sont généralement pas graves dans les guerres européennes ; la manœuvre est reprise en renforçant les troupes repoussées, ou en faisant, sur un autre point, une nouvelle tentative, soutenue par la fraction qui combat de front ; en outre, la perte de quelques centaines d'hommes aura peu d'influence sur l'issue de la lutte.

Tout autre est la situation d'un petit détachement dont l'effectif, inférieur à 300 hommes, est à peine suffisant pour résister sur place à un ennemi plusieurs fois supérieur.

Les opérations coloniales étant principalement des luttes de conquête ou de répression, l'abandon de quelques cadavres sur le terrain serait représenté aux yeux des indigènes comme un échec déshonorant pour les troupes régulières. Il n'est donc possible de détacher une fraction pour exécuter une manœuvre que si son effectif lui donne la certitude d'obtenir le succès, quel que soit le nombre des adversaires.

Cette dernière condition n'est pas réalisable avec les petits détachements qui, formés en carré, doivent réserver, à l'intérieur, un espace libre pour permettre à la cavalerie de rentrer dans la formation, et qui n'arrivent à encadrer leur convoi, comprenant des vivres et une journée d'eau, qu'en formant sur un seul rang les faces du carré.

FORMATION SUR UN RANG

Il ne faut pas s'exagérer la faiblesse de la formation du carré sur un seul rang. Le maréchal Bugeaud fait, à ce sujet, la remarque que la partie de la cavalerie ennemie qui peut aborder la face d'un carré est seule à redouter ; la cavalerie qui déborde produit un effet nul. Il ajoute, en outre, que les chevaux craignent ces globes de feu que constituent les carrés pendant le tir et que, le plus souvent, ils entraînent leurs cavaliers en obliquant à droite ou à gauche de la face chargée, lorsque cette face est assez restreinte pour que le cheval puisse s'y soustraire en quelques foulées.

Il est certain qu'étant donnés l'élan et la furie bien connus des Touareg, la formation sur deux rangs serait préférable, non pas tant pour l'augmentation de la puissance des feux que pour l'avantage d'avoir une ligne de deux hommes faisant face à l'ennemi.

La formation sur un rang a le danger de permettre à l'ennemi de faire, en abattant quelques soldats avec ses armes à feu, une brèche dont la cavalerie pourrait profiter pour s'engouffrer dans le carré. Mais si le carré n'est pas surpris et s'il est bien commandé, si son chef a su faire passer sa confiance dans l'âme de ses hommes, nous sommes convaincu que le détachement, même formé sur un rang, empêchera, par son feu, toute charge d'arriver à portée de ses faces. Quand les armes sont approvisionnées, le soldat actuel peut brûler dix cartouches en une minute, dans un tir ajusté ; or, les fantassins de Bonaparte ont toujours repoussé les charges des cavaliers mameluks avec de simples fusils à piston. Ils étaient sur trois rangs, il est vrai, mais leurs armes ne permettaient pas à ces trois rangs de tirer cinq coups ajustés dans une minute. Le carré formé sur un rang et ayant des armes modernes est donc supérieur, au point de vue du tir, au carré de Bonaparte.

Il est nécessaire de convaincre les hommes que cette supériorité du feu permet seule de tenir l'ennemi à distance du carré et que, si ce feu, soit par manque de sang-foid, soit par maladresse, est inefficace et n'arrête par la charge, le danger est le même, au moment de la lutte corps à corps, que les faces du carré soient sur un ou sur deux rangs. Un carré culbuté est bien près de devenir une cohue et son salut ne dépend, à ce moment, que du courage individuel.

L'INFANTERIE NE SE DÉPLACE PAS AU MOMENT DE L'ATTAQUE

Lorsque le carré est menacé d'une charge de cavalerie, les fantassins des faces non menacées ne doivent, sous aucun prétexte, changer de place pour renforcer, soit par leur feu, soit par leurs baïonnettes, les faces menacées. La première charge peut n'être qu'un simulacre (fig. 71), qu'une démonstration ayant pour but de détourner l'attention de la charge véritable qui va être lancée dans une autre direction. Il n'y a pas à renforcer une face attaquée si les fantassins qui la composent restent calmes et tirent juste. La charge sera rompue avant d'arriver sur eux ; les cavaliers qui occupent un espace égal au front de la face sont seuls à craindre ; les autres feront volte-face ou s'écouleront en défilant sous le feu des faces voisines, afin d'essayer, comme à Abu-Kléa, de contourner le carré pour renouveler leur attaque sur une autre face.

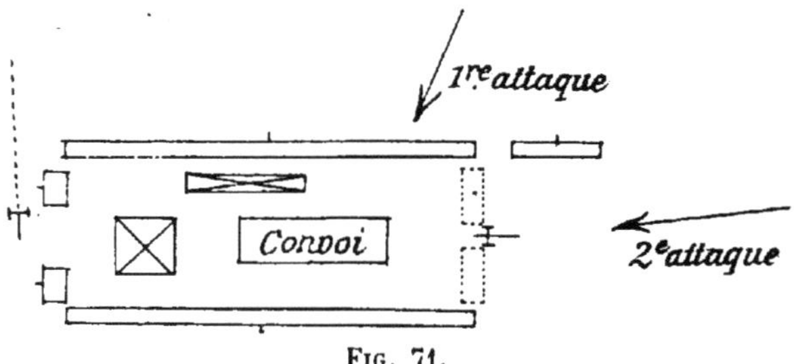

Fig. 71.

Infanterie se déplaçant pour concourir à une attaque sur une face voisine.

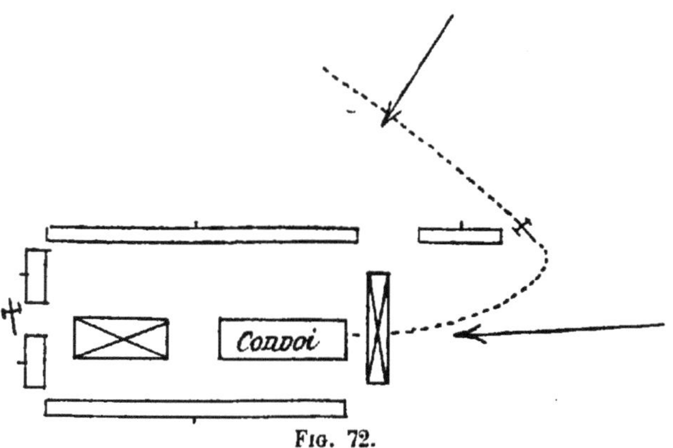

Fig. 72.

La cavalerie répare la faute commise par l'infanterie qui s'est déplacée.

L'infanterie des faces n'a donc qu'une mission : c'est de tenir ferme sur sa face. En agissant autrement, elle faciliterait le jeu de l'assaillant. Si elle commet la faute de se déplacer, un chef de cavalerie habile et vigilant, se rendant compte du danger, peut, avec les cavaliers qui sont rentrés dans l'intérieur du carré, y parer dans la mesure de ses moyens (fig. 72).

Toutefois, si un accident du sol protège une des faces d'une façon absolue, l'infanterie de cette face peut, exceptionnellement (fig. 73 et 74), se déplacer pour aider une face voisine.

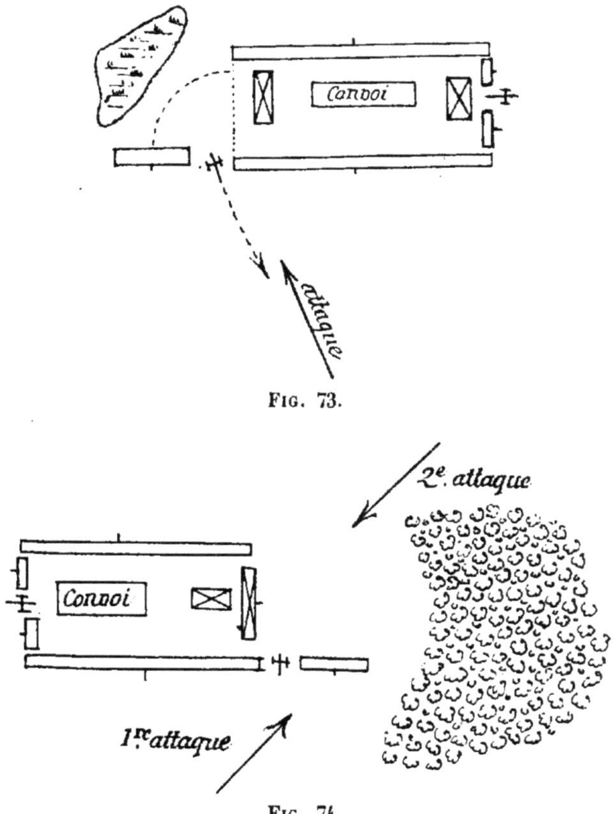

FIG. 73.

FIG. 74.

Toute manœuvre de l'infanterie au moment de la charge est un danger. Les seuls mouvements sont ceux des fractions formant les petites faces, pour se porter en ligne et elles les exécutent toujours en faisant face à l'ennemi ; si l'ennemi attaque la face arrière, les fractions de cette face font demi-tour avant de se former en ligne.

DISPOSITIONS EN CAS D'ALERTE

Tout chef de face, quel que soit son grade, qui aperçoit l'ennemi, donne immédiatement à très haute voix ses ordres à la troupe qu'il commande, sans attendre les ordres du commandant du détachement. Cet avis de l'arrivée de l'ennemi, donné dans de pareilles conditions, attirera l'attention de tous et, sur toutes les faces, les dispositions de combat seront prises aussitôt.

Il peut résulter de cette manière de faire des arrêts parfois inutiles, mais l'inconvénient est minime ; le retard éprouvé ne sera que de quelques minutes, le temps nécessaire pour prendre la formation de combat et se rendre compte que le danger n'existe pas ou a disparu. Puis la marche sera reprise et l'alerte aura peut-être rompu la monotonie de la marche, ramené chacun à sa place dans la troupe et dans le convoi et exercé la troupe à prendre instantanément sa formation pour le combat.

Un petit détachement est exposé, à tout instant, à des surprises, et quelques secondes de retard peuvent lui être funestes. Il serait fâcheux que, par méfiance pour le jugement ou le bon sens de ses subordonnés, le commandant du détachement se privât du concours précieux que peut lui prêter la vigilance de ses sous-ordres, alors que lui-même peut être distrait de sa surveillance ou mal servi par les signaleurs.

EMPLOI DE LA CAVALERIE

Dans les opérations coloniales, la cavalerie ne doit avoir qu'une ambition : prendre part efficacement au combat, soit à pied en utilisant ses carabines, soit à cheval.

Elle doit préférer l'honneur de faciliter la tâche de l'infanterie en l'aidant par son feu dans le combat à pied, à la charge la plus brillante qui pourrait la conduire seulement à une mort héroïque sans utilité pour le succès final. Sa charge ne peut être efficace que si l'ennemi a été, au préalable, démoralisé ou décimé par l'infanterie.

Il faut qu'elle comprenne que, lorsque les masses irrégulières sont composées uniquement de fantassins ou même d'une majorité de fantassins appuyés par quelques cavaliers, son rôle sera principalement celui d'une infanterie montée. En admettant qu'elle réussisse à infliger quelques pertes aux cavaliers irréguliers — ce qui reste aléatoire — ce succès ne diminuera en rien la tâche de l'infanterie, car la défaite des fantassins ennemis donnera seule la victoire.

Si l'ennemi dispose d'une cavalerie supérieure en nombre et redoutable — comme celle des Touareg ou des Marocains — la cavalerie rentrera dans le carré pendant la durée du combat que soutiendra l'infanterie. Les cavaliers, pied à terre, seront placés derrière les parties faibles des faces ou derrière les angles dépourvus d'artillerie (fig. 75) ; ils coopéreront à la défense par le feu de leurs carabines pourvues de chargeurs à cinq cartouches. Pour éviter toute indécision dans les raisons des mouvements exécutés par le carré, le commandant de la cavalerie doit connaître la signification de toutes les sonneries.

Dans la marche du carré en « lignes parallèles », la cavalerie est en dehors du carré et à 50 mètres environ de la face arrière (fig. 45). Elle voit, de sa place, de quel côté le carré est menacé ; par suite, s'il y a lieu pour elle de rentrer dans l'intérieur de la formation, elle sait d'avance où elle doit se porter à pied pour coopérer à la défense par son feu ; de plus, elle n'a à exécuter aucun mouvement dangereux en présence des irréguliers. Si, au cours de la marche, l'infanterie d'une face a perdu ses distances et occasionné une brèche (fig. 76), la cavalerie pied à terre peut la combler au moment du combat.

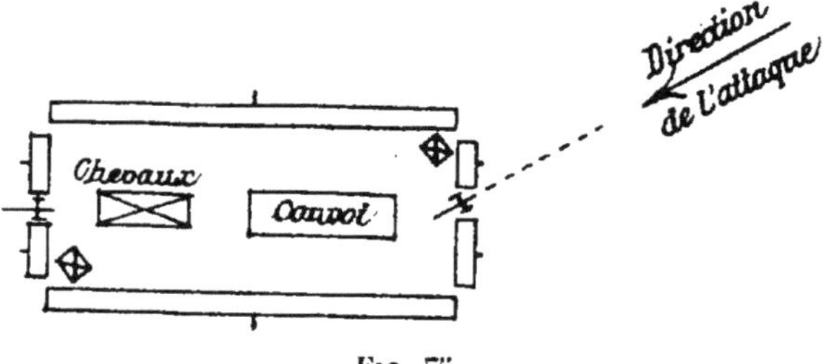

Fig. 75.

Cavalerie à pied renforçant les angles du carré.

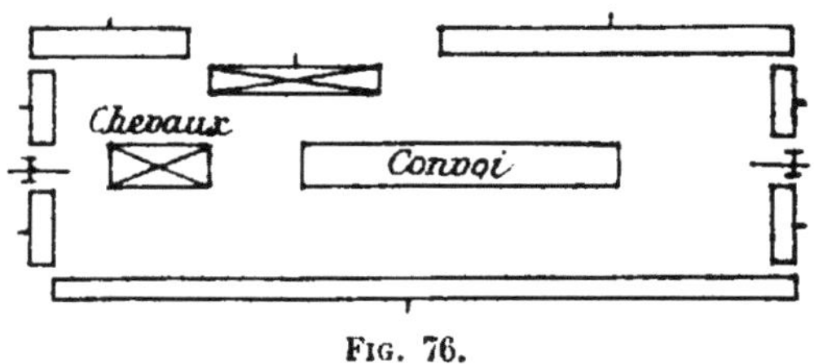

Fig. 76.

Cavalerie à pied bouchant une brèche dans une face.

En employant la cavalerie comme infanterie montée, le commandant du détachement doit, toutefois, tenir compte de l'état d'âme des cavaliers qui n'ont été ni équipés, ni instruits pour monter à l'assaut. Les cavaliers qui, occasionnellement, combattent à pied, doivent avoir leurs chevaux à portée de la main; ce voisinage les met instinctivement plus à l'aise et donne l'assurance de pouvoir les faire rapidement mettre en selle lorsqu'ils auront à charger l'ennemi vaincu et en fuite. En outre, en donnant au chef de la cavalerie la mission de combattre à pied, le commandant de la troupe doit se borner à lui indiquer le but à atteindre ou le rôle à remplir, et de laisser à son expérience et à son initiative le choix des moyens.

Lorsque la cavalerie aura réussi à s'emparer d'une position qui lui a été donnée comme objectif au début du combat, elle doit s'y maintenir à tout prix, malgré les tentatives de l'ennemi. Celui-ci est, d'ailleurs, aussi inapte que la cavalerie à enlever une position défendue par des troupes bien pourvues de munitions. Si elle est cernée, qu'elle tienne quand même ; le reste est l'affaire du chef de détachement.

INFANTERIE MONTÉE

A défaut de cavalerie, tous les détachements, quelque petits qu'ils soient, ont intérêt à s'adjoindre une dizaine au moins de fantassins montés à chameau, à mulet ou à cheval.

Le chameau incomplètement dressé est difficile à conduire et ne s'agenouille pas volontiers pour laisser monter sur son dos ou pour permettre d'en descendre. Il pousse, quand il est contrarié, des cris qui peuvent être entendus de très loin. Il se blesse facilement et dépérit vite quand il n'est pas conduit et soigné par des chameliers professionnels. Il n'est avantageux, pour la remonte des fantassins, que dans les régions désertiques, en raison de la chaleur, de la nature sablonneuse du sol et, surtout, du manque d'eau et de fourrage.

Le mulet lui est bien supérieur ; il est même préférable au cheval, en raison de sa sobriété et de sa grande résistance aux fatigues, mais il ne se trouve, au Soudan, que dans quelques centres où l'artillerie tient garnison.

A défaut de mulets, le cheval est à rechercher pour l'infanterie montée, à condition qu'il soit calme. Dans toutes les régions du Maroc et du Soudan, il est facile de se procurer des chevaux chez les indigènes, soit par la réquisition, soit en les louant pour la durée de la colonne. Le prix courant de l'indemnité à allouer aux propriétaires est de 50 centimes par jour.

Un groupe de 60 fantassins entraînés, pourvu de 30 chevaux, peut, en alternant par moitié à cheval et à pied, parcourir plus de 70 kilomètres par jour et tenter des coups de main sur les troupeaux ou sur les campements des tribus dissidentes.

Dans un petit détachement, un groupe de 10 à 15 fantassins montés rendra de précieux services en marche, en station et au combat. Il est certain qu'il ne remplacera pas la cavalerie ; il ne peut être employé pour les mêmes missions. Ses montures ne lui serviront qu'à se transporter rapidement et à arriver à l'étape plus dispos. En attendant l'installation du service de sûreté, les fantassins montés veilleront, au loin, à la sécurité du détachement. En route, ils serviront de signaleurs et fourniront les patrouilles.

Après un combat heureux, ils pourront aider à la destruction complète de l'ennemi en se portant rapidement au point d'eau sur lequel se dirigent les fuyards poursuivis par le détachement, et leur en interdire l'accès. Les puits sont souvent distants les uns des autres, dans ces régions, de plus d'une journée de marche. Lorsque les irréguliers, après une marche à pied de plus de 30 kilomètres, sous un soleil brûlant, arriveront en face du point d'eau convoité, ils se verront dans l'alternative ou de combattre à nouveau, ou d'entreprendre, sans se reposer et sans se désaltérer, une nouvelle marche pour atteindre un autre puits. Il est à peu près certain que, dans ces conditions, ils se soumettront ; ou bien alors, réduits à errer dans ces plaines désertes, ils risqueront de périr de soif et de fatigue.

EMPLOI DE L'ARTILLERIE

Dans un petit détachement, le rôle principal de l'artillerie est d'assurer la défaite définitive et absolue d'un ennemi qui, généralement, cherche à attaquer par surprise, puis à éviter, par la fuite et la dispersion individuelle, de se laisser saisir et écraser lorsqu'il a échoué dans son attaque. Il ne faut donc faire usage de l'artillerie qu'à bon escient.

Il serait irrationnel de l'employer contre des fantassins irréguliers qui attaquent en plaine ou ne sont pas protégés par des obstacles, tant que le combat de l'infanterie n'a pas permis de se rendre compte que l'intervention de cette artillerie est nécessaire ; il serait irrationnel, après avoir réussi à atteindre des fantassins irréguliers qui paraissent n'accepter le combat qu'à leur corps défendant, de les pousser à une fuite immédiate par le tir de l'artillerie avant que l'infanterie ne soit à bonne portée pour les accabler. Seul, un chef ne recherchant que l'apparence du succès emploiera l'artillerie à grande distance pour effrayer l'ennemi et l'obliger à prendre la fuite au lieu de le laisser venir sous le feu meurtrier de son infanterie.

Quelque temps après l'occupation de Tombouctou, une colonne, qui comprenait de l'artillerie et longeait la rive gauche du Niger, rencontra un millier de cavaliers touareg rassemblés sur la rive droite du fleuve. Le grand chef de ces rebelles désirait, paraît-il, éviter toute rencontre avec les Français ; mais, chez les Touareg, l'autorité des chefs n'est pas absolue et peut, comme chez les Kabyles, être discutée et mise en échec par les autres chefs et même par les indigènes qui sont groupés auprès d'eux. Aussi, malgré les intentions pacifiques de leur grand chef, la troupe rassemblée en vue de la colonne française avait l'intention de surprendre cette dernière et de l'attaquer.

Pour des raisons inconnues, le commandant de la colonne française, au lieu de tenter le passage du fleuve, — opération facile en face d'adversaires armés seulement de lances et de sabres, — ne résista pas à la tentation de leur envoyer un coup de canon à la distance de 1.000 mètres. Un chameau touareg fut tué. Prenant pour prétexte la puissance de cet armement meurtrier, le chef touareg réussit à convaincre ses hommes de l'impossibilité de se mesurer avec nous. Ce malencontreux coup de canon nous enleva l'occasion d'infliger une dure leçon à des adversaires que nous recherchions depuis plusieurs mois.

Mettre en fuite à coups de canon des bandes irrégulières est à la portée de tout chef pourvu de canons et de munitions ; mais maintenir cette bande sous son feu et l'anéantir demande de l'énergie, de la persévérance, de l'art et aussi quelque chose de plus ; car, il ne suffit pas de ne point redouter l'ennemi, il faut encore ne point redouter d'encourir des responsabilités en engageant le combat avec la ferme volonté d'obtenir un succès complet et définitif, dût-on le payer même un prix élevé.

L'artillerie aura donc surtout pour rôle de briser l'élan menaçant d'une attaque lancée contre le carré, d'ouvrir les voies à l'assaut de l'infanterie en détruisant les obstacles derrière lesquels s'abrite l'ennemi, et de compléter la victoire en mitraillant les bandes irrégulières pendant leur fuite.

Contrairement à la mission qui lui incombe dans les guerres européennes, elle attendra, pour se démasquer, que l'infanterie ait tâté l'adversaire ; et, à moins d'un danger imminent, elle n'ouvrira le feu que sur l'ordre du commandant du détachement.

Mais, dès qu'elle reçoit l'ordre d'agir, elle doit le faire avec toute la précision et toute l'activité dont elle est capable. Si, dans les guerres européennes, les difficultés du réglage dans le tir à grande distance l'obligent à conserver son emplacement et à rester en position tant qu'elle obtient des résultats satisfaisants, il n'en est pas de même dans les opérations coloniales. Non seulement les irréguliers n'ont pas de canons dangereux, mais ils sont encore incapables, avec leurs armes, de tuer les servants et les animaux de l'artillerie aux distances supérieures à 400 mètres ; et, dans tous les cas, les pertes que l'artillerie éprouverait seraient insignifiantes en regard des résultats considérables qu'elle peut et doit obtenir.

Il est rare que les fantassins irréguliers se présentent au combat en rangs épais. Dans ces conditions, quel effet pourrait bien produire, à grande distance, un obus éclatant sur des gens éparpillés et abrités derrière des accidents du sol ? Dans les cas les plus favorables, c'est à peine si quelques fantassins seraient atteints au prix de nombreux projectiles. Et les munitions d'un petit détachement sont comptées ; elles sont trop précieuses pour être gaspillées de loin avec des chances de succès fort aléatoires. Il est donc nécessaire que l'artillerie tire de près, à des distances inférieures à 700 mètres et, le plus souvent, à portée de mitraille. Sans cela, elle ne participerait au combat que par l'effet moral qu'elle pourrait produire. Son rôle se rapproche de celui des batteries d'accompagnement qui, dans les guerres européennes, suivent la marche de l'infanterie pour l'attaque décisive.

Afin d'être toujours en mesure de le seconder dans ses vues, le commandant de l'artillerie, plus encore que celui de la cavalerie, doit accompagner le commandant du détachement pendant toute sa reconnaissance. Il ne prendra pour objectifs que la partie de la ligne que ce dernier lui indiquera ; son initiative se borne à choisir les moyens à employer pour obtenir le résultat qui lui a été demandé. Il ne doit pas craindre d'éparpiller ses pièces pour aider l'infanterie là où elle est incapable de progresser seule.

Bien que, dans la formation carrée en « lignes parallèles », l'artillerie ne paraisse protéger que les angles du carré auprès desquels elle est placée, elle peut, en réalité, protéger toutes les faces et les quatre angles (fig. 77, 78 et 79). En effet, les faces avant et arrière n'ont que 40 mètres environ de longueur. Il suffit donc que la pièce sorte légèrement en dehors de l'angle près duquel elle est placée pour pouvoir protéger, par sa mitraille, non seulement les faces qui forment cet angle, mais encore l'angle le plus voisin de la face avant ou arrière.

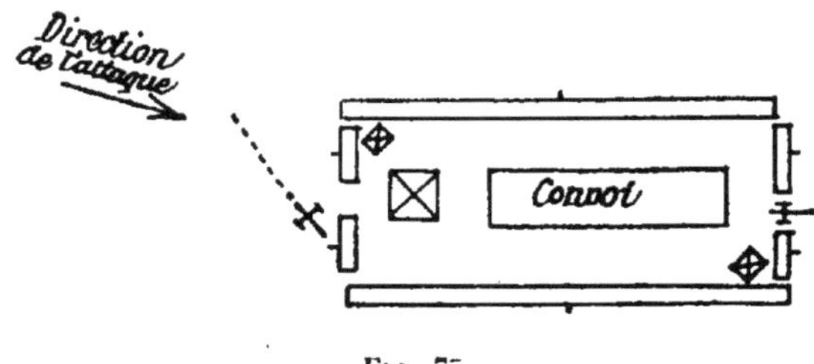

Fig. 77.

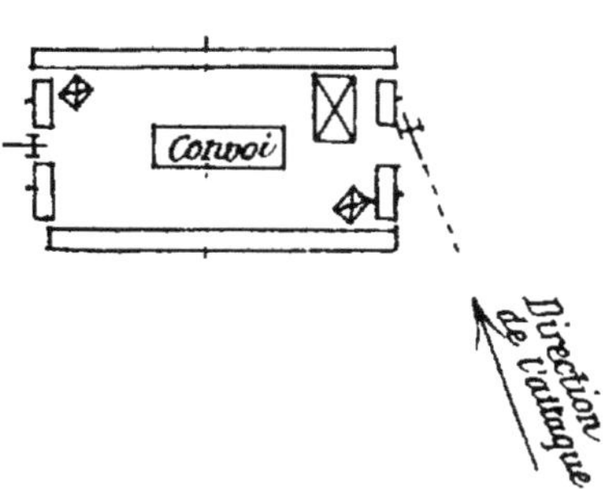

Fig. 78.

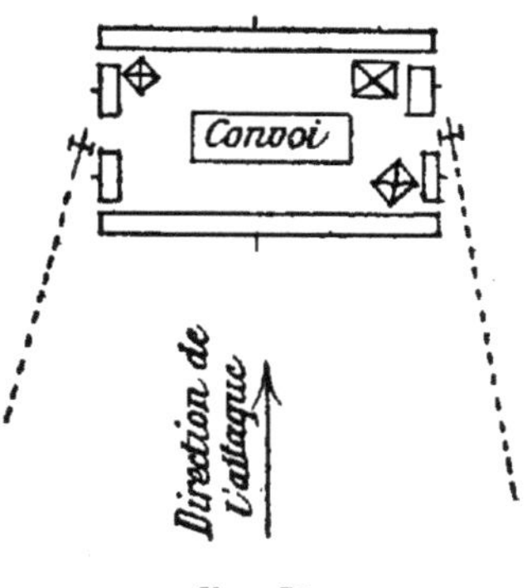

Fig. 79.

CHAPITRE V

Combat contre l'infanterie irrégulière dépourvue de cavalerie.

DANS LES TERRAINS PLATS ET COUVERTS DE DUNES NUES

Avec un approvisionnement de 200 cartouches par homme et si les chefs d'unité empêchent leurs hommes de gaspiller ces munitions dans des tirailleries sans but défini, l'infanterie régulière, en terrain plat ou couvert de dunes nues, n'a rien à craindre de l'infanterie irrégulière. Cet approvisionnement de cartouches est indispensable pour pouvoir combattre pendant plus de cinq heures ou défendre une position pendant une ou deux journées.

Une moyenne de 50 cartouches par homme suffit pendant un combat d'une durée de cinq heures, à une division qui n'a qu'une partie de ses éléments engagés et qui peut prélever sur les troupes de réserve les cartouches qui manquent aux tirailleurs de la chaîne. Elle ne peut suffire à un petit détachement dont toutes les fractions sont engagées en même temps, qui manœuvre peu et qui compense par l'intensité de son feu la supériorité numérique de ses adversaires.

Dans tous les combats auxquels nous avons pris part personnellement et qui ont duré plus d'une heure, nous nous sommes trouvés, vers la fin, à court de munitions. Aux combats livrés autour de Tien-Dong, en 1886, un lieutenant de l'infanterie de marine, aux prises avec une partie de la bande de Bo-Giap, ayant brûlé toutes ses cartouches une heure après le commencement du combat, fut tué ainsi qu'un grand nombre de ses soldats.

Tout petit détachement doit donc avoir au moins 200 cartouches par homme ; les munitions ne manquent pas dans les centres des colonies, et il ne faut pas s'en priver, par routine ou imprévoyance. Les hommes n'en porteront qu'une partie sur eux — 120 à 160 — le reste sera déposé au convoi.

Débuts de l'engagement. — Dans les guerres européennes, un chef, avant de se décider à livrer un combat ou à l'éviter, engage d'abord son avant-garde. Dans les opérations coloniales, le fait seul de la mise en route d'une colonne dont la composition et la force ont été déterminées dans ce but, implique l'obligation de combattre l'ennemi quels que soient son effectif et le point où on le rencontrera. Il ne peut être question, par conséquent, que de culbuter l'ennemi et de déterminer, lorsqu'il est en vue, l'objectif qui facilitera cette tâche ; quant au combat, il doit être toujours engagé à fond, avec la volonté d'en venir au corps à corps. La détermination de cet objectif dépendra des renseignements recueillis par le chef de détachement sur les forces approximatives de l'ennemi, l'emplacement qu'il occupe, la position de ses ailes, la nature du terrain sur ses derrières, la direction générale des chemins qui pourraient lui servir de retraite et, enfin, sur les obstacles que la troupe rencontrera pour l'aborder à la baïonnette.

Le premier soin du chef qui n'aura pas ces renseignements sera d'éprouver son adversaire ; il peut, pour cela, soit engager le combat aussitôt, soit attendre le moment qui lui paraîtra favorable.

a) Dès que l'ennemi est en vue, le chef engage immédiatement le combat avec la plus grande partie de ses forces, en se réservant, suivant la résistance rencontrée, de manœuvrer sur les flancs ou de renforcer la partie déjà engagée pour la pousser jusqu'à la lutte corps à corps.

Une pareille attaque peut réussir avec un ennemi faible et peu nombreux ; mais elle peut subir un échec difficile à réparer avec des irréguliers nombreux et hardis qui chercheront à envelopper la troupe engagée (fig. 80). A partir de ce moment, les efforts du chef du détachement ne pourront plus tendre qu'à parer aux attaques que l'adversaire dirigera sur cette troupe et sur celle qui viendra la soutenir. L'ennemi conservera donc l'initiative des attaques et réduira le détachement à une défensive toujours défavorable au moral des soldats.

Si le chef du détachement, sentant son infériorité, veut rompre le combat, il fera porter ses fractions disponibles sur la position de repli qu'il a choisie et prescrira à celles qui sont engagées de se retirer sur cette position. Ce mouvement de retraite, même volontaire, sera déprimant pour la troupe qui l'exécute et exaltera le moral des irréguliers, qui le considéreront comme un échec et un présage de leur victoire définitive. Aussi est-il indispensable, dès le combat engagé, d'aller toujours de l'avant, ou, au pis aller, de se maintenir provisoirement en place pour reprendre ensuite la marche en avant. Un mouvement de recul ne doit être exécuté que s'il est la conséquence d'une ruse de guerre bien conçue et sûrement exécutée.

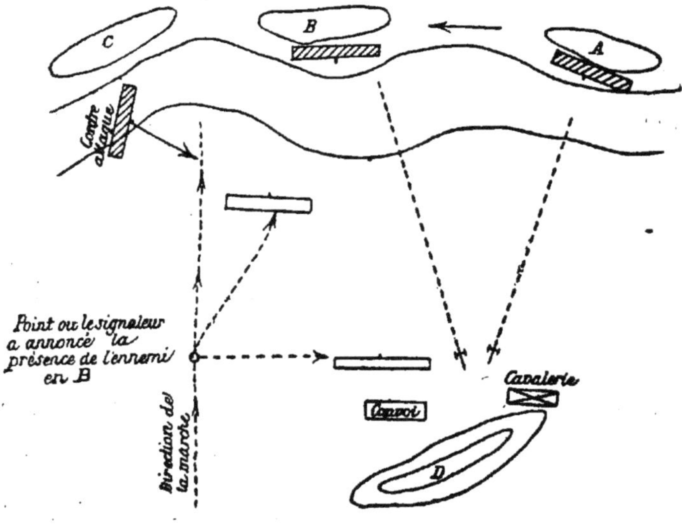

Fig. 80.

Attaque d'un ennemi posté et en vue; une faible partie des forces est d'abord engagée.

b) Au lieu de s'engager immédiatement, le chef de détachement peut réserver sa liberté d'action en prenant, dès que l'ennemi est signalé, une position favorable à proximité de la direction de marche (fig. 81). De là, il examinera les environs, jugera la force de la position occupée et s'assurera si, en cas d'échec, elle permettra d'éviter l'étreinte de l'ennemi et de battre en retraite sans trop de danger. Cette reconnaissance, faite rapidement sous la protection des signaleurs ou des patrouilles montées, permettra de prévoir la direction des attaques ennemies et les moyens à employer pour les repousser et exécuter des contre-attaques. Le chef de détachement dirige ensuite le convoi sur son emplacement et prescrit aux patrouilles montées de reconnaître les extrémités de la ligne occupée si l'ennemi stationne, de le suivre s'il se retire, ou, enfin, de rejoindre le détachement s'il se porte à l'attaque.

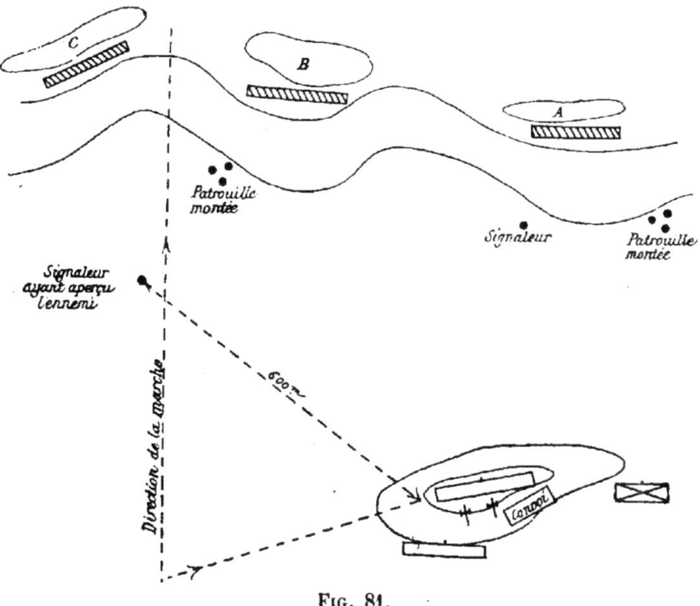

Fig. 81.

Reconnaissance des ailes de la position ennemie.
Occupation d'une position à proximité de la direction de marche.

Si l'ennemi reste en place, le chef du détachement, débarrassé de son convoi et renseigné sur la position occupée, a toute liberté pour manœuvrer en vue de l'attaque ou de la défense.

Si l'ennemi est disposé à fuir, ce léger temps d'arrêt n'a aucun inconvénient ; les irréguliers ne s'attrapent pas à la course, à moins qu'ils ne soient surpris, et ce n'est pas le cas.

Ce mode d'attaque a l'inconvénient de donner à l'ennemi le temps de se reconnaître, d'examiner les forces de son adversaire et de les comparer aux siennes, de constater si sa situation est défectueuse et, enfin, de se concerter sur ce qu'il convient de tenter.

c) Le chef du détachement peut, enfin, employer une offensive hardie et décidée, parfois un peu audacieuse, mais qui met toute la force morale de son côté.

Les signaleurs ont aperçu l'ennemi en position d'attente. Le commandant du détachement prend la décision de l'attaquer. Il donne aussitôt ses prescriptions pour le convoi et son escorte et indique s'il doit rester sur place ou bien suivre la colonne. Puis il se porte à l'ennemi avec toutes ses forces (fig. 82). Il veut, dès le début,

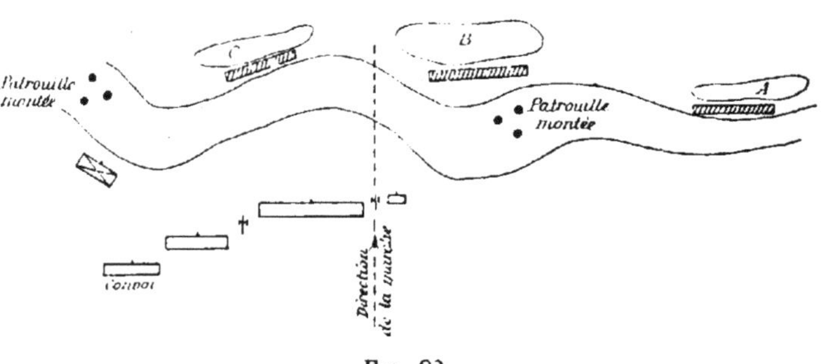

Fig. 82.

donner au combat une violence et une rapidité de nature à déconcerter l'ennemi qui, peu manœuvrier, se trouvera désemparé surtout si, à une conception prompte, succède une exécution énergique, persévérante et rapide.

Dès qu'un signaleur ou une patrouille ont reconnu l'ennemi situé en B, le commandant de la troupe enlève rapidement ses troupes, indique à chaque chef d'unité le but général. Il fixe ensuite l'objectif (la hauteur C dans la figure 82), sur lequel il dirige vivement la cavalerie pour s'en emparer avant l'ennemi, s'y maintenir et y attendre l'infanterie. Si la hauteur est inoccupée, la cavalerie s'y installe et s'y maintient à tout prix (fig. 83). Le détachement marche droit sur cet objectif, sans s'occuper des manœuvres ennemies tant qu'elles ne mettent pas obstacle à la marche en interposant des fantassins entre la troupe et l'objectif. Tout autre genre de diversion, même une menace d'enveloppement, doit être négligé.

Si la hauteur C est occupée par l'ennemi avant l'arrivée de la cavalerie (fig. 84), le commandant du détachement ne change rien à ses résolutions ; il fera accélérer l'allure de l'infanterie afin d'engager un combat décisif pour être maître de cette hauteur avant que les fractions de A et de B puissent intervenir. Afin de laisser ignorer jusqu'au dernier moment qu'il a pris la hauteur C comme objectif, il marchera, avec le détachement, droit sur la ligne ennemie et ne changera de direction que lorsque sa cavalerie ou son infanterie montée sera certaine de prendre pied sur l'objectif avant l'ennemi. La cavalerie à pied est inapte à pousser une attaque à fond, jusqu'au corps à corps, et à donner l'assaut ; elle ne peut donc être chargée d'enlever une position occupée. Elle restera toujours sous la protection efficace du feu d'infanterie.

Dans le cas actuel, si elle constate la présence de l'ennemi en C, elle se mettra à l'abri, préviendra le chef du détachement et continuera à observer jusqu'à l'arrivée de l'infanterie. A ce moment, elle recevra une nouvelle mission ; par exemple, celle de contourner au galop la hauteur C, de mettre alors pied à terre et de concourir à l'attaque générale en faisant feu sur les derrières de l'ennemi (fig. 84).

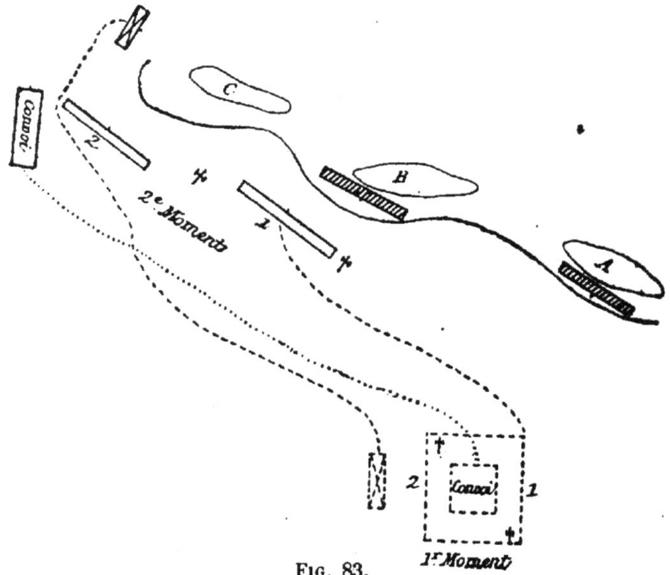

Fig. 83.

Attaque. — La hauteur C n'est pas occupée par l'ennemi.

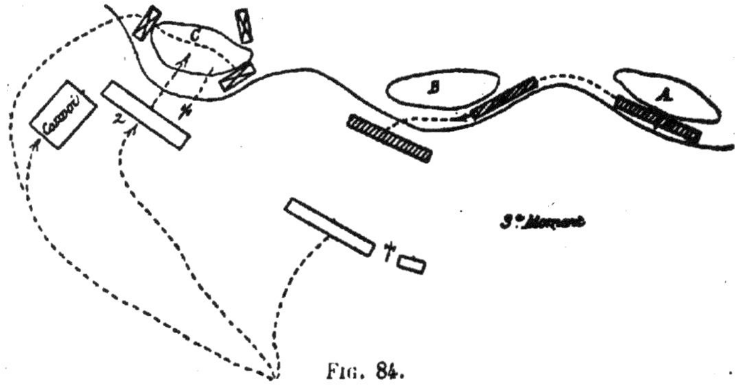

Fig. 84.

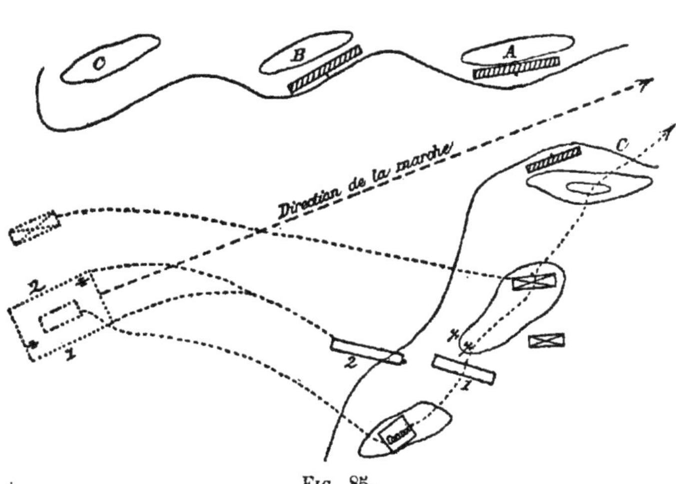

Fig. 85.

Défilé défendu par les irréguliers.

Si les irréguliers restent en place, le chef de détachement occupera la hauteur et tâchera de les prendre d'enfilade avec son artillerie, qui restera en position ; puis, partant de cette base et appuyé par ses pièces, il donnera l'assaut sur l'aile droite (fig. 86) pendant que la cavalerie se portera sur les derrières de l'ennemi pour contribuer à l'attaque par un feu de mousqueterie à pied. Le convoi sera laissé en arrière de l'artillerie.

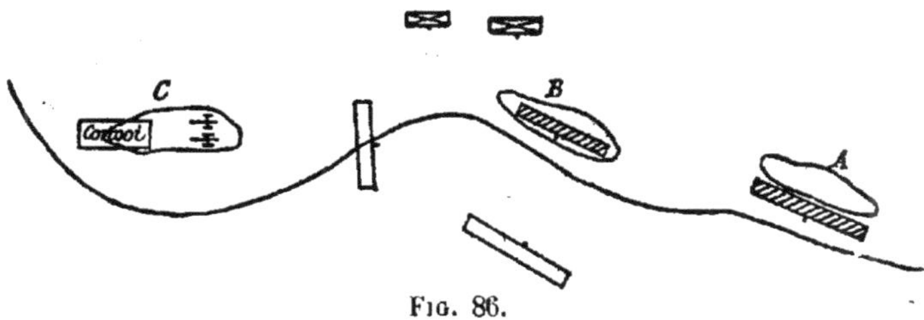

Fig. 86.

Si, au contraire, les irréguliers se portent au-devant du détachement pour lui disputer la hauteur convoitée, ils perdent, par cela même, les avantages que leur procurait leur position et se trouvent amenés à livrer un combat sur un terrain également favorable ou défavorable pour les deux partis. Mais il est rare que les irréguliers abandonnent une position pour aller à la rencontre de troupes qui les attaquent. Ils ne s'opposent aux mouvements tournants qu'avec une partie de leurs forces ; toute leur tactique consiste à tirer sur leurs adversaires s'ils exécutent le mouvement tournant à portée de leurs armes. Le plus souvent, ils se portent tous du côté où se produit l'attaque et prennent la fuite dès qu'ils sentent leur retraite menacée (1) ; si leur moral n'est pas suffisamment ébranlé, ils s'arrêtent un peu plus loin pour occuper une autre position défensive.

Dans l'hypothèse donnée par la figure 87, les défen-

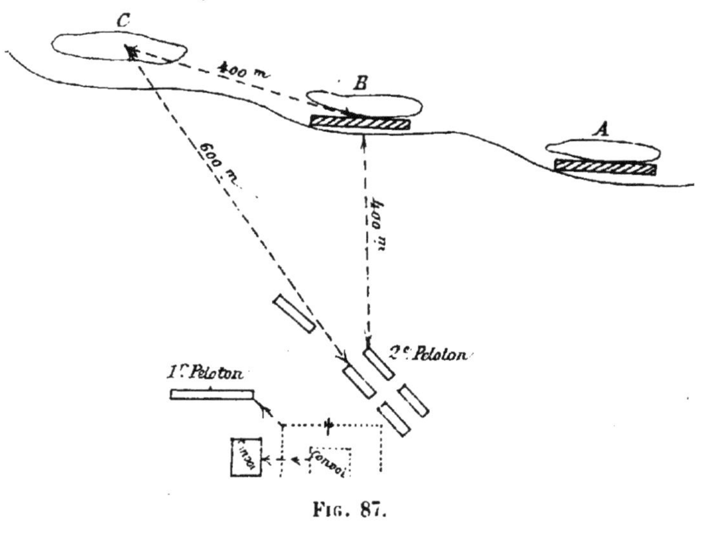

Fig. 87.

(1) Nous citerons, comme une preuve du peu d'aptitude manœuvrière des irréguliers à défendre une position, les combats de Kandahar, de Kaan-Band et de Kirbekan. *Petites guerres*, par le major Callwel, traduites par le colonel Septans. Librairie Lavauzelle, prix : 7 fr. 50.

seurs de A se porteront probablement vers B et ceux de B chercheront peut-être à devancer le détachement sur C ; mais ce n'est qu'exceptionnellement qu'ils auront l'idée d'abandonner A et B pour se porter en C avec toutes leurs forces. Ils auront encore moins l'idée de se porter au-devant de la troupe qui marche sur C.

Les petits détachements peuvent difficilement exécuter des attaques combinées de front et de flanc si les fractions qui en sont chargées sont distantes de plus de 200 pas. Ces attaques séparées pourraient faire le jeu de l'adversaire, qui aurait des chances de les détruire en détail ; en outre, plus le chef d'une troupe multiplie les fractions détachées et plus il a besoin de subordonnés énergiques et capables d'une initiative intelligente.

ATTAQUE. — FORMATION D'ASSAUT

L'objectif étant choisi, — de préférence l'un des flancs ou une partie du centre, si la position de ce centre domine les ailes, — l'infanterie s'avance jusqu'à bonne portée de ses armes, environ 400 mètres. A partir de ce moment, elle marche sur l'objectif en deux échelons à intervalle de 50 à 100 pas et à une distance de 100 à 150 mètres.

Pendant que l'un des échelons avance, par bonds et au pas de charge, l'autre oblige l'ennemi à se terrer, en exécutant sur la position attaquée soit des feux à volonté, soit, de préférence, des feux de salve par section. Si le feu de l'ennemi est peu meurtrier, les hommes restent debout, sinon ils prennent la position à genou.

La baïonnette est mise au canon à 300 mètres de l'ennemi, afin de montrer aux hommes qu'il faudra aller jusqu'au bout, coûte que coûte.

Le détachement persévérera (fig. 88) dans l'attaque de la hauteur dominante H, d'où il repartira pour enlever A et C, dans le cas où l'ennemi s'y maintiendrait après l'enlèvement de H. Il négligera les menaces venant de A qui se réduiront, le plus souvent, à des tirailleries peu meurtrières et presque jamais à des contre-attaques, parce que les irréguliers, n'ayant pas de baïonnette, évitent d'engager un combat corps à corps avec un ennemi qui n'est pas déjà fortement ébranlé et décimé par le feu.

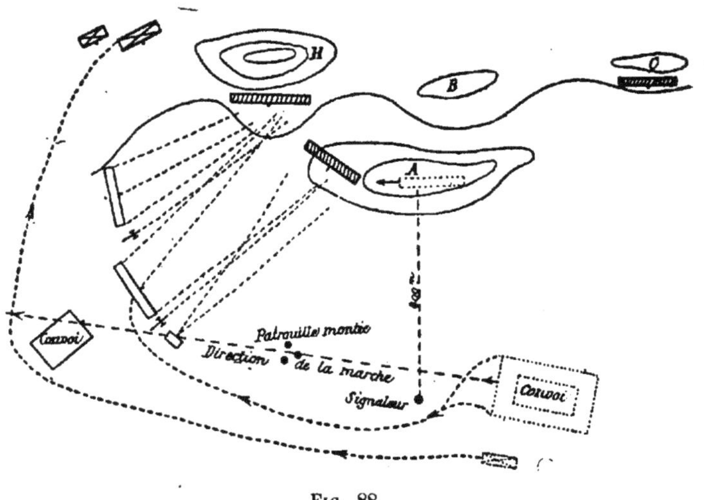

FIG. 88.

La meilleure façon de diminuer les pertes est de brusquer l'attaque, de concentrer le feu de toute l'infanterie et celui d'une des pièces d'artillerie sur les ennemis de la hauteur H (fig. 89) et de ne répondre à ceux de A que par le feu d'une autre pièce, qui les fixera sur leur position.

En principe, une pièce est attachée à chaque échelon d'infanterie et l'accompagne dans l'attaque jusqu'à 200 mètres environ de l'ennemi. A cette distance, les deux pièces, ou une seule, suivant la nature du terrain et la tournure du combat, s'arrêtent et continuent leur tir à mitraille pour protéger la ligne d'attaque dont les

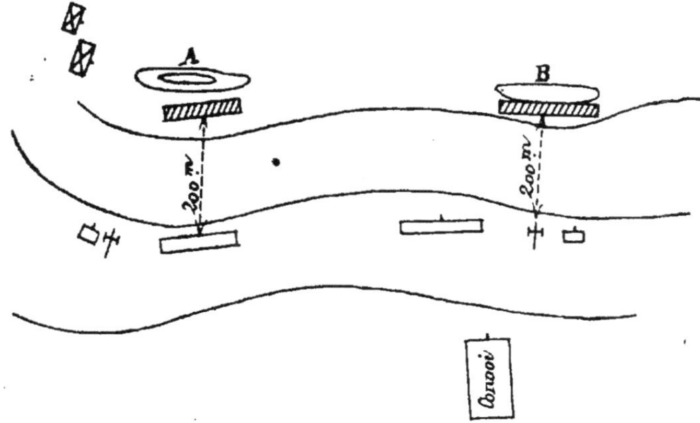

Fig. 89.

deux échelons se sont réunis (fig. 90). Un section ou une demi-section est laissée auprès des pièces comme soutien et comme réserve en cas de défaillance momentanée de la ligne d'assaut.

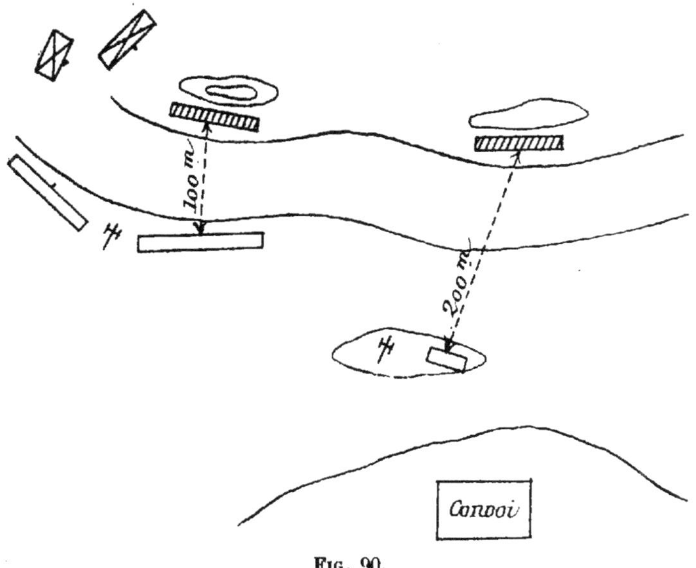

Fig. 90.

Si le détachement est entouré par des forces trop considérables d'infanterie pour qu'il puisse les percer sur le moment même, son chef fait former le carré, coucher les hommes et creuser des abris en terre. Tous les gradés, sans exception, doivent être également couchés et ne se soulever que par intervalles, pendant le temps strictement nécessaire pour se rendre compte des agissements de l'ennemi. Les officiers parleront à leurs hommes, leur exposeront la raison des ordres donnés et leur expliqueront que les dispositions prises ne sont qu'une ruse devant amener l'ennemi à commettre quelque négligence ou quelque imprudence qui sera aussitôt mise à profit pour lui infliger une défaite.

L'artillerie ne doit tirer qu'à moins de 200 mètres, et l'infanterie à moins de 100 pas, en exécutant des feux à cartouches comptées, en ne tirant que le moins possible et à coup sûr. Tous les gradés de l'infanterie, sauf les officiers, doivent faire feu. Une dizaine des meilleurs tireurs, pris parmi ceux qui ont le plus de sang-froid, seront désignés pour abattre les chefs ennemis ou les guerriers les plus audacieux. Les cavaliers, abrités derrière leurs chevaux, passent la moitié de leurs cartouches aux fantassins. Les fusils des hommes mis hors de combat sont aussitôt distribués, avec la baïonnette, d'abord aux artilleurs, ensuite aux cavaliers.

Afin d'éviter les pertes qui, par leur fréquence, affecteraient le moral des combattants, la profondeur des abris en terre sera augmentée progressivement et les hommes s'y terreront. Les bagages et les bêtes de somme seront utilisés comme « traverses » pour protéger les faces du carré des coups d'écharpe ou de dos.

Les récipients qui contiennent l'eau seront enterrés et il sera défendu de boire, même l'eau des bidons, sans la permission formelle du commandant du détachement.

En agissant ainsi, comme l'ennemi ne peut en venir au corps à corps tant que le carré gardera son sang-froid et aura conservé des munitions, des vivres et de l'eau, la défense peut durer des jours entiers, tant qu'il y aura des défenseurs vivants. La moindre négligence de l'ennemi sera mise à profit pour se dégager et se retirer, ou pour le surprendre à la faveur de la nuit, par une attaque soudaine à la baïonnette.

EMPLOI D'UNE RÉSERVE

Une réserve est une troupe que le commandement tient à l'abri des coups et de la vue de l'ennemi :

1° Pour alimenter la ligne de combat ;

2° Pour renforcer les troupes engagées, afin de se trouver le plus fort en un point donné, au moment voulu ;

3° Pour exécuter un mouvement de flanc ou enveloppant sur une aile de l'adversaire ;

4° Pour recueillir les troupes battues et, s'il y a lieu, couvrir la retraite.

Dans un combat engagé volontairement contre les bandes irrégulières, les pertes n'étant généralement pas très sérieuses, si l'ordre est conservé, il est inutile d'avoir une troupe en réserve pour alimenter la ligne de feu et la pousser en avant. La marche en avant en ligne déployée, exécutée par toutes les forces, en échelons, est plus avantageuse ; l'échelon qui tire remplit, dans une certaine mesure, le rôle de réserve ; il peut renforcer l'échelon qui le précède, le pousser en avant s'il s'arrête, le protéger s'il recule, l'arrêter au besoin dans son mouvement de retraite et le ramener à l'assaut.

Un détachement qui comprend à peine 200 hommes n'a pas à rechercher « l'événement » par une manœuvre ; son action offensive est faite avec toutes ses forces réunies poussées vigoureusement sur l'objectif que le chef a choisi de manière à s'y trouver le plus fort au moment où il l'atteindra.

C'est la cavalerie ou l'infanterie montée, qui, par le combat à pied, seront chargées des mouvements de flanc, tournants ou enveloppants, ainsi que nous l'avons déjà exposé (page 188, fig. 83, 84 et 85).

Tous les hommes doivent être terrés ; tous les gradés, sans exception, sont également couchés et ne se soulèvent que, par intervalles, pendant le temps strictement nécessaire pour se rendre compte des agissements de l'ennemi. Les gradés de l'infanterie, sauf les officiers, doivent tirer.

Une réserve est forte non seulement parce que ses effectifs sont élevés, mais encore parce que le moral des hommes qui la composent est resté intact. Il est nécessaire, à cet effet, qu'elle soit tenue loin des émotions du combat, hors de la vue des morts et des blessés et qu'elle soit soustraite aux coups de l'ennemi. Ces conditions ne peuvent être remplies que si elle est abritée, à 300 ou 400 mètres de la ligne de combat. Comment espérer, avec des guerriers tels que les Marocains, les Touareg et Soudanais, qu'une faible fraction de 30 à 50 hommes, tenue en réserve à cette distance, puisse intervenir utilement et à temps pour secourir la première ligne et rétablir le combat ?

L'élan des irréguliers atteint une violence irrésistible lorsque, comme les Italiens à Adoua, en face des troupes de Ménélick, leurs adversaires commencent à plier sous leur poussée et à battre en retraite. Une aussi petite fraction servant de réserve ne pourra, en face de cette situation critique, que battre elle-même en retraite.

Dans les circonstances favorables, si le terrain est propice et si elle est énergiquement commandée, elle réussira peut-être à s'arrêter sur une position lui permettant de se sauver elle-même du désastre et de constituer un noyau autour duquel les fuyards pourront venir se grouper s'ils ne sont pas poursuivis de trop près.

Si l'ennemi ne poursuit pas, c'est qu'il ne se sent pas assez en force, c'est qu'il n'a acquis la victoire qu'au prix de tous ses moyens ; la constitution de la réserve, en diminuant d'autant l'effectif des troupes engagées, a facilité sa tâche. La présence de cette réserve, dans les rangs de la première ligne eût peut être changé les conditions de la lutte.

Le combat contre les irréguliers doit toujours revêtir la forme d'une attaque décisive, d'un assaut auquel tout l'effectif disponible doit prendre part. Arrivé à 400 mètres de l'objectif, il n'y a d'autre préoccupation à avoir que de bousculer l'ennemi et de prendre sa place. Tant que ce résultat n'est pas obtenu, tant que le succès ne couronne pas les efforts déjà faits, toutes les forces agissantes doivent être engagées. Il n'est possible d'accepter un échec que lorsqu'on n'a plus un homme à jeter dans la mêlée.

LE CONVOI PENDANT LE COMBAT

La rapidité de l'attaque et l'énergie avec laquelle elle est menée doivent permettre au convoi de suivre la colonne, en n'ayant, comme escorte, qu'un ou deux gradés, avec quelques cavaliers et fantassins pour diriger les conducteurs et maintenir l'ordre pendant le combat. L'infanterie seule étant à craindre, le convoi, qui chemine derrière le front couvert par le détachement, est, par cela même, suffisamment protégé. L'ennemi sera, d'ailleurs, trop absorbé par la vigueur de l'attaque pour songer au convoi.

C'est ainsi que, dans le combat que nous avons livré à Bayoukrou, à 50 kilomètres de Tombouctou, contre les Marocains, le convoi fut laissé à la garde de quelques soldats ; mais l'ennemi, quoique très supérieur en nombre, fut si violemment attaqué, qu'il n'eut même pas l'idée de faire une tentative pour le prendre.

Lorsque le convoi contient l'eau indispensable à la troupe, il est prudent de le faire escorter par une petite fraction pendant sa marche, qui est souvent plus lente que celle de la troupe. Mais si le chef a la sensation que tout son effectif n'est pas de trop pour venir à bout de l'ennemi, il n'en doit, sous aucun prétexte, distraire un seul homme. Le seul but est la victoire, à tout prix. Une troupe victorieuse supportera allégrement la faim, la soif et les fatigues ; une troupe vaincue ne trouvera qu'une faible consolation dans le fait qu'elle peut encore boire et manger, si toutefois sa défaite ne l'a pas condamnée à fuir en abandonnant tout son convoi et même ses morts et ses blessés !

DANS LES TERRAINS COUVERTS ET ACCIDENTÉS

Dans les terrains couverts, aussi bien que dans les terrains plats et découverts, dès que les signaleurs ont fait connaître les emplacements occupés par les forces ennemies, le chef du détachement détermine l'objectif sur lequel il va diriger sa troupe, afin qu'elle soit dans les meilleures conditions pour le combat. Avec les irréguliers, cet objectif sera généralement (fig. 91) une hauteur H qui dominera tout ou partie de leur ligne de défense. Comme le convoi, surtout s'il est composé de chameaux, marche très lentement dans ces terrains, il se porte, avec l'artillerie, sur un emplacement G, sous la protection de la cavalerie, qui, pied à terre, se tient prête à les défendre avec le feu de ses carabines. L'infanterie, précédée par quelques signaleurs, se porte alors en avant vers l'objectif. L'artillerie et le convoi suivront par bonds successifs, de hauteur en hauteur, la marche de l'infanterie (fig. 92). Dans les terrains couverts et accidentés, il faut donner toujours un soutien à l'artillerie et, généralement, une escorte au convoi, parce qu'ils ne peuvent être protégés par les feux du détachement qui, le plus souvent, ne pourra les voir que très difficilement.

Une section peut également être conservée en arrière pour parer à une action imprévue dirigée soit contre le convoi, soit contre les flancs ou les derrières du détachement. Les couverts favorisent ces surprises et empêchent de reconnaître l'effectif que l'on combat ; une incursion sur les flancs ou les derrières peut causer des inquiétudes à la troupe qui se porte à l'attaque ; la présence de cette section donnera aux hommes confiance dans le succès et leur assurera la quiétude nécessaire pour concentrer tous leurs efforts et toute leur attention sur l'ennemi, qu'ils doivent atteindre et qui est devant eux.

Si l'ennemi occupe la hauteur II, le détachement l'attaque vigoureusement avec l'appui de l'artillerie qui canonne la position en évitant, toutefois, de tirer dans la direction que doit suivre l'infanterie, pour ne pas la gêner au moment de l'assaut. Si la hauteur est inoccupée et si l'ennemi est en A, le détachement, partant de H comme nouvelle base, se porte à l'attaque dans les conditions que nous avons indiquées précédemment (fig. 86).

En cas d'échec de l'attaque principale et d'impossibilité absolue de la renouveler, le détachement se retirera sur la hauteur où sont restés le convoi et l'artillerie et prendra toutes les dispositions pour s'y maintenir contre toutes les attaques que les ennemis pourront tenter contre lui. Une retraite, exécutée immédiatement après l'échec, serait bientôt transformée en désastre. Le commandant du détachement fait faire des abatis et des petites tranchées-abris ; il prescrit de ménager l'eau, les vivres et les munitions, fait faire des contre-attaques à la baïonnette si l'ennemi devient trop pressant et profite de la première occasion pour reprendre l'offensive par une attaque soudaine et à fond.

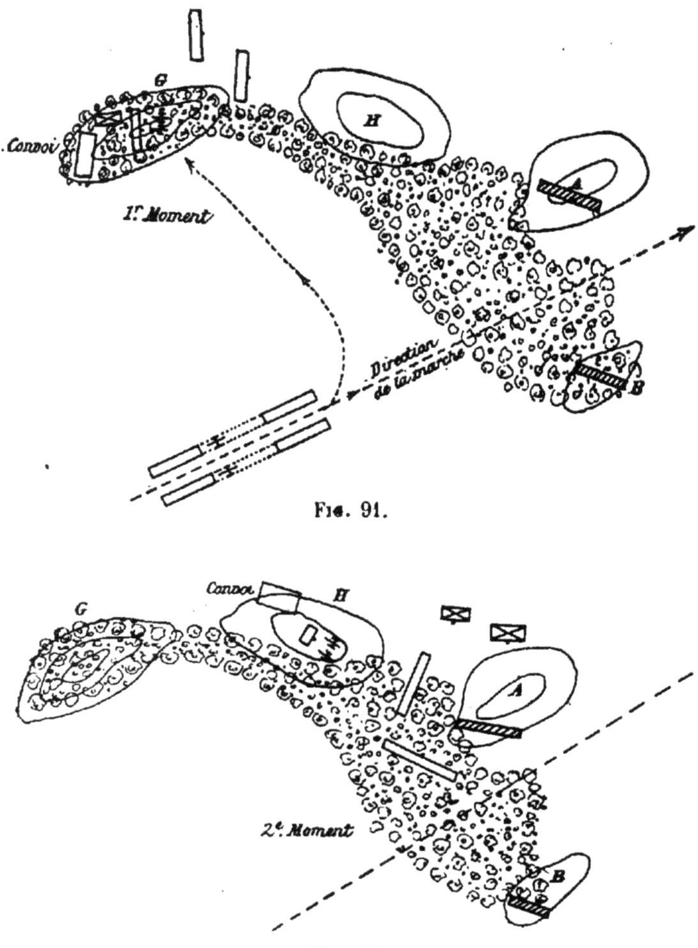

Fig. 91.

Fig. 92.

S'il est absolument urgent de se frayer un passage, il faut se masser, foncer à la baïonnette sur les lignes ennemies, les percer et gagner, lentement et en ordre, tout en combattant, le poste le plus rapproché.

Si le détachement y réussit, le moral de la troupe sera raffermi, et celui de l'ennemi cessera de s'exalter, surtout s'il subit quelques pertes sérieuses par des feux de masse ou des contre-attaques à la baïonnette, courtes et vigoureuses.

CHAPITRE VI

Opérations de nuit.

MARCHES

Les marches de nuit, dans les opérations contre les irréguliers, sont assez fréquentes ; elles permettent : 1° si la marche est longue, d'arriver à l'étape avant la grande chaleur ; 2° de cacher les mouvements et la marche du détachement à l'ennemi, aux espions et aux habitants de la région parcourue ; 3° d'échapper, en cas d'insuccès, à l'étreinte de l'ennemi ou d'éviter la poursuite.

Encore plus que pendant les marches de jour, les conditions essentielles à remplir pour la bonne exécution d'une marche de nuit sont : pour la troupe, une discipline rigoureuse, un ordre permanent, une allure régulière et l'absence absolue de toute lumière ; s'il est nécessaire, on doit retirer à tous les hommes leurs allumettes et leurs briquets ; pour les gradés, une surveillance active et une grande sollicitude à l'égard de leurs hommes ; pour le commandant du détachement, des prescriptions judicieuses, rejetant du dispositif de la marche toute complication et toute exigence qui nécessiteraient de la précision.

Le détachement conservera, pour la marche de nuit, la formation habituelle en « lignes parallèles » (fig. 45), mais n'enverra pas de « signaleurs ». Huit cavaliers ou gradés montés, choisis parmi les plus intelligents et ayant l'oreille fine, marcheront par deux, à 50 ou 100 mètres de distance et à hauteur respectivement des quatre angles de la formation. En principe, et lorsque le terrain le permet, la silhouette de ces huit cavaliers doit être aperçue des faces près desquelles ils se trouvent (fig. 93). Dès

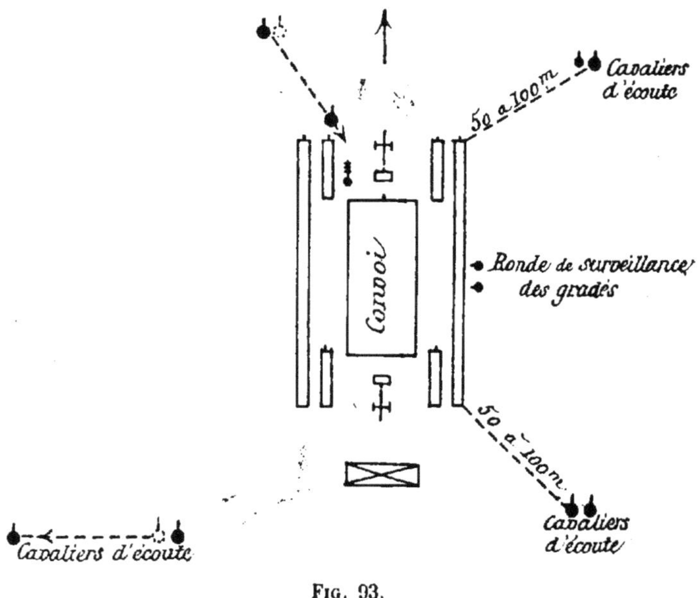

Fig. 93.

que ces « cavaliers d'écoute » entendent le moindre bruit, l'un d'eux se détache pour en rendre compte au commandant du détachement, et rejoint son poste aussitôt après. Ce même cavalier peut également se détacher de son compagnon et s'en éloigner d'une centaine de pas pour vérifier la cause d'un bruit qui aura été perçu ; s'il s'éloignait de plus de 100 pas, il pourrait s'égarer et obliger la troupe à s'arrêter, à l'appeler ou à faire du bruit pour lui permettre de la rejoindre.

Un officier monté, accompagné d'un sous-officier, fera extérieurement, de quart d'heure en quart d'heure, le tour de la formation en marche. Tous les officiers et tous les sous-officiers montés participeront à cette surveillance. Ils auront surtout pour mission de s'assurer qu'aucun homme ne reste en arrière, soit volontairement, soit parce qu'il aura été pris de sommeil, ce qui arrive fréquemment pendant la nuit, surtout au moment où la troupe se remet en marche après une halte.

COMBAT

Le combat de nuit se livre soit avec des feux d'ensemble et à bout portant, soit à l'arme blanche. Les coups de feu tirés de loin sont inoffensifs et il n'y a pas lieu de s'en inquiéter ; la seule façon d'y répondre est de marcher en silence et sans tirer, droit sur l'ennemi, qui a ainsi trahi sa présence par son feu. S'il est nombreux et s'il attend l'attaque, la perspicacité du chef devra décider s'il convient de le charger à la baïonnette ou de lui envoyer, à 50 pas, des feux de salve exécutés par toute une face et appuyés par la mitraille des pièces d'artillerie.

Si l'adversaire est à cheval, les hommes exécuteront sur sa masse, dès qu'ils la distingueront nettement, des feux de salve ou des feux à répétition dans la position à genou ; les pièces d'artillerie appuieront cette action par un tir à mitraille. Les cavaliers à pied et l'escorte du convoi renforceront les faces exposées à l'attaque ennemie.

La formation carrée ne devra pas être disloquée pour donner l'assaut à un ennemi composé de cavaliers pied à terre et faisant feu (fig. 94) ; leur première attaque peut n'être qu'une feinte destinée à faire dégarnir une face qu'ils chargeront ensuite avec le restant de leurs forces ; en outre, au moment de l'assaut, ces cavaliers pied à terre auront vite fait de remonter à cheval et de disparaître.

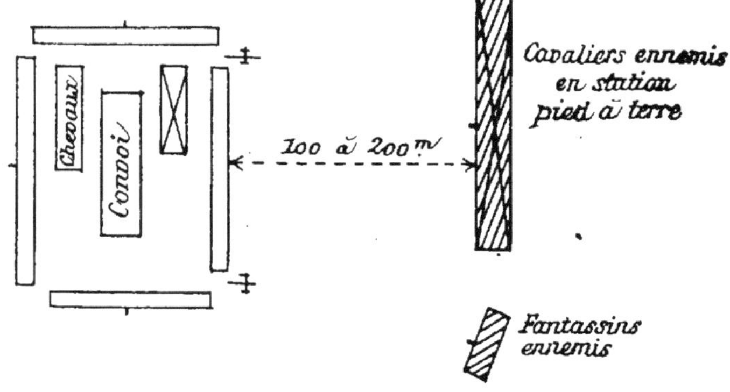

Fig. 94.

Si, au contraire, l'ennemi ne comprend que des fantassins à pied ou montés à méhara, le carré pourra se disloquer dès qu'il l'apercevra nettement, afin de l'attaquer. Le convoi, groupé et entravé, sera laissé sous la garde de son escorte et des faces avant et arrière qui l'entourent. Les deux autres faces se rueront à l'assaut.

Si l'ennemi cède sous cette attaque, les fantassins à genou exécuteront, par pelotons, des feux de poursuite ; les pièces d'artillerie tireront à mitraille et la cavalerie chargera, si le terrain le lui permet, en fourrageurs et par fractions de six à huit cavaliers (fig. 95).

La cavalerie ne doit pas, dans cette poursuite, aller

au delà de 1.000 mètres ; elle pourrait s'égarer, ne plus entendre les appels ou même les sonneries, causer, par suite, des inquiétudes au carré et retarder sa marche. Les cavaliers restent groupés par six, au moins, pour charger en fourrageurs ; leur front est ainsi plus restreint, et l'un d'eux, mort ou blessé, ne tombera pas de cheval sans être vu par ses camarades, qui le ramasseront ainsi que ses armes.

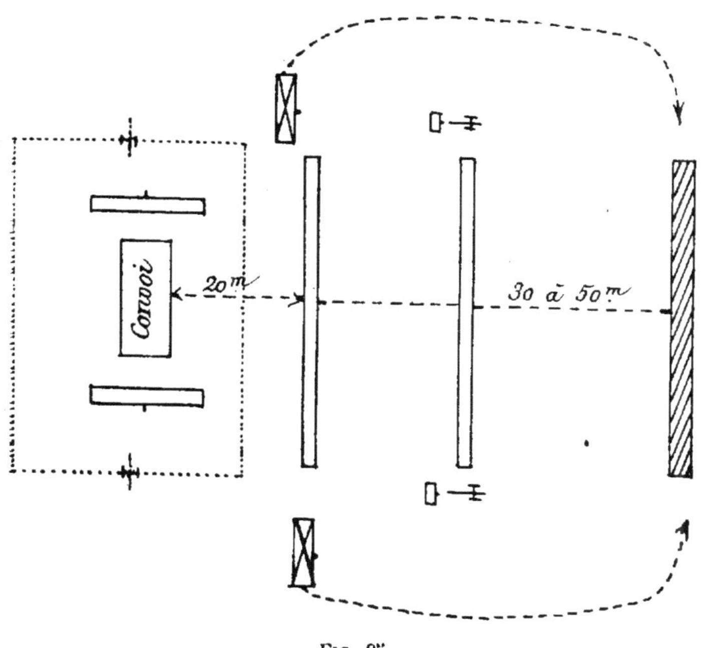

Fig. 95.

Attaque de nuit contre des fantassins en position.

Mais les véritables combats de nuit en rase campagne sont excessivement rares ; le plus souvent, les opérations de nuit revêtent la forme d'une embuscade ou d'une surprise, comportant une lutte très courte et dans laquelle le succès est, en général, acquis à celui qui a pris l'initiative de l'attaque. Dans tous les cas, la meilleure façon d'agir est de payer d'audace, d'avoir plus confiance dans ses baïonnettes que dans ses fusils, de se sentir les coudes et d'aller de l'avant, toujours de l'avant !

CHAPITRE VII

Les forces morales.

Les forces morales contribuent puissamment à la victoire ; si elles font défaut, les moyens matériels dont on peut disposer se trouvent diminués.

Dans un petit détachement, beaucoup plus que dans une armée, la valeur et le caractère du chef ont une grande influence sur les hommes. Un chef d'armée peut soustraire, au moins en partie, aux yeux de ses soldats, ses moments de faiblesse ou d'embarras ; il peut trouver chez son chef d'état-major une partie de la perspicacité, de la science qui peuvent lui faire défaut à certains moments. Le chef d'un petit détachement n'ayant le plus souvent auprès de lui que des officiers jeunes et inexpérimentés, agit et vit constamment sous les yeux de ses gradés et de ses hommes ; il ne doit pas craindre, ainsi que le recommande Bugeaud, de leur préciser le but qu'il poursuit et les moyens qu'il compte employer pour l'atteindre ; il doit causer souvent avec eux et chercher à leur communiquer la confiance et le courage qui l'animent. Par ces causeries, la supériorité de son jugement s'imposera et fera souvent disparaître certaines rivalités qui pourraient s'exercer à son insu, au détriment de la discipline et de la confiance que tout le détachement doit avoir dans son chef.

Le chef d'un détachement doit exercer sa bienveillante vigilance pour stimuler beaucoup plus que pour châtier ; ses soldats doivent s'attendre, lorsqu'il s'approche d'eux, à des conseils ou des encouragements, bien plus qu'à des reproches. Il doit rester calme en présence de fautes capables de compromettre la sécurité ou l'honneur de la troupe et se montrer indulgent pour les fautes légères dont la répression incombe aux gradés sous les ordres directs desquels se trouve le coupable.

S'il veut être secondé par ses lieutenants avec empressement et dévouement, il doit leur communiquer toute sa pensée, à moins que le secret ne soit indispensable ; il leur laissera, dans l'exécution des ordres qu'il leur donnera, toute liberté d'action, sans laquelle l'initiative des subordonnés n'est qu'un vain mot.

Grâce à cette confiance, à cette communauté de pensée entre le chef et ses subordonnés, ceux-ci pourront, même en cas d'absence momentanée du chef, ou faute du temps nécessaire pour recevoir des ordres, agir de leur propre initiative dans le même sens que le chef et en allant même au-devant de ses intentions.

Enfin, le chef doit saisir toutes les occasions de maintenir le moral et d'accroître les tendances combatives de sa troupe, non pas en dénigrant la valeur de l'adversaire, car il pourrait alors provoquer le laisser-aller et la négligence, mais en montrant que, grâce à son entrain, à sa discipline et à son armement, le détachement ne peut que souhaiter d'en venir aux mains avec l'ennemi.

Il y a deux façons d'aller au combat : avec résignation, pour s'acquitter d'une charge assumée par hasard ou faute de mieux ; ou bien avec joie, pour jouer une partie préparée de longue main et avec la conviction que l'heureuse issue de la lutte assurera l'honneur de la patrie.

La façon dont la troupe va au combat influe grandement sur l'issue de ce combat. C'est d'elle que dépend l'esprit qui anime le chef et lui fait adopter la défensive ou l'offensive.

Si celui qui va au combat avec résignation ne cherche pas à l'éviter, il saisit, tout au moins, le moindre prétexte pour retarder le moment de la rencontre ; il adopte une offensive si molle et si peu convaincue que, bientôt devancé par son adversaire, il se trouve acculé à la défensive.

Au contraire, celui qui attend impatiemment le moment de mettre à l'épreuve le fruit de ses veilles et de ses méditations, celui qui a confiance en lui parce qu'il s'est, de longue date, préparé en vue du combat, considère la rencontre de l'ennemi comme un bonheur et adopte sûrement une offensive persévérante, énergique et ardente qui lui assurera le succès.

TABLE DES MATIÈRES

IIe PARTIE

TACTIQUE DES PETITS DÉTACHEMENTS

Paris et Limoges. — Imprimerie et librairie militaires Henri Charles-Lavauzelle

www.ingramcontent.com/pod-product-compliance
Ingram Content Group UK Ltd.
Pitfield, Milton Keynes, MK11 3LW, UK
UKHW022058260726
13993UKWH00001B/196

9 782329 314723